# PERFECTAMENTE ABURRIDO

AF433373

# PERFECTAMENTE ABURRIDO

CON UNA RESEÑA EN PROFUNDIDAD DEL
ENSAYO DEL OXFORD AMERICAN MAGAZINE
SOBRE EL FOTÓGRAFO WILLIAM EGGLESTON
Y SU ASESINABILIA

JANE FLOWERS

Perfectamente Aburrido Copyright © by Jane Flowers. All Rights Reserved.

# Contents

# Introducción

En el ámbito de la literatura y el periodismo, la verdad debería ser la piedra angular de cada pieza. Sin embargo, en el número 100 de la revista Oxford American Magazine, un ensayo que se publicó el 13 de marzo de 2018 titulado "Perfectamente Aburrido" empaña este principio. De la autoría de William Stephenson, el ensayo narra supuestamente la vida y el asesinato sin resolver del veterano de la marina estadounidense Dr. T.C. Boring, desviándose groseramente de la verdad.

Oxford American Magazine es una revista literaria trimestral sin ánimo de lucro que presenta escritos sureños a la vez que documenta la complejidad y vitalidad del Sur de Estados Unidos. La revista fue fundada en 1989 en Oxford Mississippi por Marc Smirnoff. Es conocida por publicar una amplia gama de obras de arte y fotografía en cada número.

Oxford American Magazine se trasladó a Little Rock Arkansas a principios de la década de 2000 bajo una nueva organización sin ánimo de lucro, la revista también se ha afiliado a la Universidad de Arkansas.

El ensayo Perfectamente Aburrido publicado en Oxford American Magazine hacía numerosas afirmaciones difamatorias falsas sobre la vida y el asesinato sin resolver de mi padre por dinero. Las afirmaciones falsas fueron hechas por William Eggleston y otras personas con William Stephenson escribiendo las afirmaciones falsas en su ensayo, pero el ensayo no sólo fabricó la vida de mi padre y el asesinato sin resolver. También inventa la vida de la primera esposa de mi padre y la de su segunda esposa.

Este ensayo, repleto de fabricaciones y calumnias, destaca especialmente por su explotación de la vida y el trágico final del Dr. T.C. Boring. La narrativa construida en torno al Dr. T.C. Boring forma una red de engaño, camuflando la realidad con la capa de sensacionalismo y por mucho que quisiera demandar a Oxford American Magazine por difamación en lo que respecta a la fabricación de la vida de mi padre y su asesinato sin resolver. Esto nunca fue una opción para mí porque no estaba y sigo sin estar lo suficientemente bien económicamente como para contratar a un abogado para hacerlo.

Así que decidí que era muy importante escribir y publicar mi verdadera historia sobre el ensayo difamatorio de Oxford American Magazine para poder concienciar sobre cómo William Eggleston y los miembros de su familia se aprovechan de la vida de mi padre y de su asesinato sin resolver con mentiras y difamaciones que venden con su Asesinabilia.

A medida que profundizamos en el ensayo, nos encontramos con la "Asesinabilia" dentro de la narrativa de Stephenson a lo largo de Perfectamente Aburrido. La Asesinabilia está diseñada para evocar una fascinación macabra, conjurando imágenes de un arma homicida y de actividades ilícitas. Sin embargo, su uso no es más que un intento de sensacionalizar un suceso trágico, una maniobra que hace un flaco favor a la memoria y el legado del veterano de la marina estadounidense, el dentista Dr. T.C. Boring.

Como verá, este ensayo estaba plagado de mentiras y engaños de principio a fin. Tergiversaba burdamente los hechos para hacer una narración sensacionalista que atrajera a más lectores. El concepto de "Asesinabilia", mal empleado en este contexto, es emblemático de la falsa narrativa. Un término diseñado para evocar fascinación morbosa y actividades ilícitas.

William Eggleston, un nombre que ha quedado grabado en los anales de la fotografía y dentro del ensayo "Perfectamente Aburrido", es bien conocido por estar asociado a un lado más oscuro y escalofriante de la vida como es la Asesinabilia. Este término, relativamente desconocido para muchos, se refiere a los objetos de colección relacionados con asesinatos u otros crímenes violentos, que a menudo se venden con fines lucrativos. Esta inquietante industria tiene un patrón infame, nada menos que William Eggleston.

La asociación de Eggleston con la vida del Dr. T.C. Boring y su caso de asesinato sin resolver no es meramente tangencial. En 1983, o alrededor de esa fecha, recibió o vendió el hacha con la que, según afirma, asesinó al Dr. T.C. Boring, de manos de un tercero supuestamente implicado en el asesinato del Dr. T.C. Boring. El objeto en cuestión no es un coleccionable cualquiera, sino un escalofriante recuerdo del crimen. Esta pieza de Asesinabilia no se guardó tras el cristal de un armario de coleccionista, sino que se utilizó con fotografía artística en la obra de Eggleston, que es un sombrío homenaje a una vida arrebatada violentamente.

Reflexionando sobre esto, cabe preguntarse, ¿qué motivos tiene un hombre como Eggleston para involucrarse en un comercio tan morboso? ¿Se trata de una macabra fascinación por la muerte, el asesinato y la violencia o de un motivo más oscuro y personal? El asesinato sin resolver del veterano de la marina estadounidense, el dentista Dr. T.C. Boring, pende sobre el legado de Eggleston como una nube oscura.

La pregunta sigue siendo, ¿habrá alguna vez rendición de cuentas por estas acciones? Son preguntas para las que mi familia y yo exigimos respuestas mientras Eggleston, los miembros de su familia y sus amigos consienten en silencio el comercio de la Asesinabilia de Eggleston en sus subastas que se celebran en todo el mundo. La historia del asesinato sin resolver de Eggleston y el Dr. T.C. Boring debería servir de crudo recordatorio de la sombría intersección entre arte, violencia y comercio.

La saga de Eggleston con su Asesinabilia es también una inquietante historia de codicia, explotación y profunda falta de respeto. Durante muchos años, los Eggleston se han beneficiado y lucrado con el trágico y aún sin resolver asesinato de mi padre. Han construido una industria a su alrededor, comercializando lo que se conoce como "Asesinabilia", mercancía y fotografía artística asociada al asesinato sin resolver del Dr. T.C. Boring.

Sus acciones no son sólo de mal gusto, sino también un flagrante desprecio por la santidad del dolor personal. No han mostrado ninguna preocupación por la desesperada necesidad de nuestra familia de cerrar el caso. En su lugar, han optado por sacar provecho del dolor de mi familia, mientras explotan la trágica muerte de mi padre para beneficio público.

Es importante señalar que su afán de lucro no se detiene en la venta de Asesinabilia. Los Eggleston también han perpetuado una narrativa difamatoria en torno a la vida de mi padre y su brutal asesinato sin resolver. En lugar de mostrar empatía o buscar Justicia, han optado por empañar la memoria de mi padre, todo en nombre del beneficio económico.

La situación no se trata sólo de la falta de decencia de los Eggleston o de su codicia. Se trata de un sistema que permite que exista tal explotación, donde el sufrimiento se convierte en una mercancía y las víctimas son aún más victimizadas. Debemos enfrentarnos a esta cuestión, no sólo por el bien de mi padre, sino por el de todas las familias que han perdido a seres queridos a causa de la violencia, sólo para ver cómo su dolor se convierte en beneficio.

Las acciones de Eggleston con su ensayo difamatorio y el de Stephenson también han sacado a la luz una industria muy descuidada y moralmente cuestionable. La historia del asesinato sin resolver del Dr. T.C. Boring es un recordatorio de que nunca se puede hacer justicia de verdad cuando se permite sacar provecho impunemente del asesinato sin resolver de alguien. En estos tiempos oscuros, no debemos olvidar la aleccionadora verdad de que la Asesinabilia de Eggleston existe desde hace 40 años y contando y sigue siendo una industria lucrativa para él y su familia, sin que los implicados tengan que rendir cuentas ni sufrir consecuencias.

Como tal, es un recordatorio de nuestra necesidad de reconocer los daños infligidos por esta industria y tomar medidas decisivas contra ella. Es hora de que empecemos a ver el panorama general y hagamos que todos los implicados en la Asesinabilia rindan cuentas de sus actos.

Al recordar la historia de Eggleston's Asesinabilia, no

debemos olvidar las lecciones que nos enseña, a respetar la vida y alzarnos contra la injusticia; a reconocer nuestra parte y crear un mundo más justo; y a no hacer nunca la vista gorda ante ninguna forma de exportación, por muy rentable que sea.

La rentabilización del asesinato sin resolver de mi padre con la Asesinabilia de Eggleston son ecos del asesinato sin resolver de mi padre reverberan por los pasillos de mi memoria. Es una melodía espantosa que produce una resonancia escalofriante, que me recuerda la fría e insondable realidad de que su asesino sigue en libertad. La sombra de este acto atroz se cierne sobre mi familia, oscureciendo cada ocasión alegre con la penumbra de una injusticia sin resolver. Sin embargo, dentro de este tormento interminable, encuentro un espíritu resuelto, una determinación para llevar adelante la antorcha y luchar por la Justicia.

En la sociedad actual me he topado con una tendencia inquietante. Una que pisotea la dignidad de las víctimas y de sus familias y que, en cambio, glorifica a los autores de actos atroces. Esta tendencia se denomina Asesinabilia y consiste en el comercio de artículos relacionados con crímenes o criminales notorios. Es un sombrío recordatorio del hecho de que mi padre es algo más que un nombre para quienes le conocieron y para quienes no.

Emocionalmente, no hay nada más desgarrador que oír rumores de que la supuesta arma del crimen, un hacha, se pasea figurando en una fotografía de bellas artes como una especie de trofeo macabro. Es un esfuerzo a la memoria de mi padre y a la enorme pérdida que sufrimos con su prematura partida. Reduce el dolor, la pena, los años de lágrimas y preguntas sin respuesta a un horripilante objeto de coleccionista, despojado de su verdadero y horripilante contexto.

La falta de respeto y el afán de lucro exhibidos por los Eggleston son un sombrío ejemplo de las deudas a las que puede llegar la humanidad cuando la empatía se sustituye por la codicia. Es un recordatorio de que, ante semejante comportamiento, nos mantenemos firmes, buscamos la Justicia y nos aseguramos de que los recuerdos de quienes hemos perdido sean tratados con el respeto que merecen.

Nadie debe sufrir nunca por las acciones de otro y nadie debe beneficiarse de la tragedia de otro. Nuestra sociedad debe mantener una norma moral más elevada y rechazar cualquier acto de explotación o de beneficiarse de la muerte de otra persona. Sólo así podremos garantizar que el legado del Dr. T.C. Boring nunca se olvide y que su historia y la de otras víctimas sirvan de recordatorio eterno de que la Justicia siempre prevalecerá.

A pesar de los muchos retos, sigo firme en mi búsqueda de la Justicia. Me comprometo a corregir los conceptos erróneos, a defender a las víctimas y a luchar contra la propagación de la "Asesinabilia". Me guía el amor imperecedero por mi padre y la certeza de que él habría hecho lo mismo por mí. Aunque su vida se truncó, su espíritu sigue inspirándome.

A la luz de tan atroz tergiversación de la vida y el asesinato sin resolver del Dr. T.C. Boring en el ensayo de Stephenson, es importante que todos pongamos de nuestra parte y garanticemos la exactitud cuando se trata de los medios que consumimos. Debemos ser críticos y discernir cuando se trata de las historias que se nos presentan, cuestionando siempre su validez y fuente de información.

Sólo así podremos garantizar que historias inexactas como "Perfectamente Aburrido" no proliferen por la sociedad sin control. De lo contrario, este ensayo difamatorio seguirá siendo un ejemplo de hasta qué punto el periodismo puede alejarse de la verdad. Si queremos mantener nuestro compromiso con la exactitud, debe prevalecer la vigilancia. Debemos ser los guardianes de la verdad en esta era digital. Sólo así podremos garantizar que las historias se cuenten con exactitud y veracidad, para no difamar el nombre o la memoria de alguien en vano.

En esta era digital, las noticias de todo tipo se difunden a un ritmo cada vez mayor. Si bien tal avance nos permite mantenernos informados sobre los acontecimientos actuales, también significa que debemos extremar la vigilancia cuando se trata de la exactitud de dichas noticias. Esto es especialmente cierto en el caso de "Perfectamente Aburrido", que pretendía contar la historia del asesinato sin resolver del veterano de la marina estadounidense, el dentista Dr. T.C. Boring.

Además de concienciar sobre la importancia de la exactitud y el periodismo, también es importante considerar las implicaciones legales de este tipo de historias falsas. Con el aumento de las demandas por difamación y calumnias malintencionadas, es vital que los periodistas actúen con cautela cuando informen sobre temas potencialmente delicados. Puede resultarles útil pecar de precavidos, realizando una investigación más exhaustiva antes de publicar cualquier artículo que contenga afirmaciones potencialmente calumniosas o difamatorias.

El ensayo "Perfectamente Aburrido" es un duro recordatorio de que el periodismo a veces puede flaquear, sucumbiendo a la tentación del sensacionalismo a costa de la verdad. La importancia de la comprobación de los hechos no puede subestimarse en tales casos. Como consumidores de contenidos, nuestro deber es cuestionar, buscar la verdad y desconfiar de las narraciones que suenan demasiado sensacionalistas para ser exactas, y como proveedores de ese comentario, la responsabilidad es aún mayor.

I

# CAPÍTULO 1

_______

Al principio del ensayo "Perfectamente Aburrido" se ve una fotografía de mi padre el Dr. T.C. Boring, dentista veterano de la Marina de EE.UU., dando un fuerte abrazo afectuoso a su antiguo amigo el fotógrafo William Eggleston.

El nombre de la fotografía es (Sin título) el fotógrafo con T.C. Boring, Greenwood, Mississippi ca. 1974 de William Eggleston Eggleston Artistic Trust cortesía de David Zwirner.

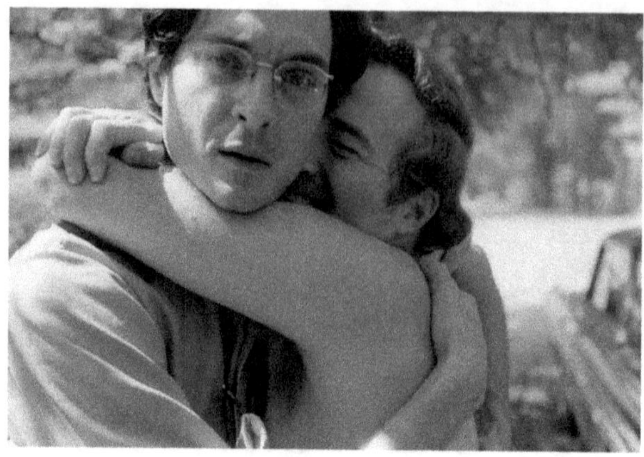

*(Sin título) el fotógrafo con T.C. Boring, Greenwood, Mississippi ca. 1974 por William Eggleston Eggleston Artistic Trust cortesía de David Zwirner*

Justo debajo de la fotografía el ensayo dice "Mississippi, asesinato y el "Techo rojo" de William Eggleston".

El ensayo no trata completamente sobre Mississippi, el asesinato y el "Techo rojo" de William Eggleston. Al principio del ensayo nos enteramos de cómo William Eggleston probó por primera vez el peyote con su amigo Jimmy Hall. Jimmy Hall es un actor que interpretó un papel en la telenovela llamada Sombras tenebrosas y en los siete primeros párrafos del ensayo también se aprende sobre cómo Jimmy Hall y su amigo William Eggleston salían juntos y a veces consumían drogas ilegales. Drogas ilegales como alucinógenos como el peyote.

A continuación se presentan los siete párrafos.

*Perfectamente Aburrido:* William Eggleston probó por primera vez el peyote un verano a principios de los 60 mientras visitaba a un amigo en Oxford, Mississippi. Puede encontrar la historia en unas memorias de la estrella de fútbol americano de la Universidad de Mississippi (y más tarde actor de Sombras tenebrosas) Jimmy Hall, que se encontraba allí por aquel entonces. Eggleston había invitado a Hall a reunirse con él y su amigo, y los tres hombres se quedaron perplejos ante el cactus verde azulado en su caja de cartón, comprado por correo en un vivero de Laredo, Texas.

*Perfectamente Aburrido:* Se lo comían directamente, despojándolo de las espinas y la piel y masticándolo hasta hacerlo papilla, regando el amargo sabor con ouzo y cigarrillos. También lo preparaban en té. Al poco tiempo, los efectos empezaron a revelarse. Durante un tiempo se sentaron en silencio, disfrutando de una cómoda introspección. También se rieron un poco. El tercer amigo citó a Allen Ginsberg y aplaudió sin parar. Inspirado, Hall se levantó del sofá y bailó su versión de la Danza Fantasma. Al cabo de un rato, se dio cuenta de que Eggleston estaba sentado muy quieto y le miraba fijamente con una concentración oscura y pétrea. Hall le preguntó qué estaba mirando.

*Perfectamente Aburrido:* "A ti", dijo Eggleston. "Estás palpitando en rojo".

*Perfectamente Aburrido:* Manteniendo su expresión solemne, Eggleston se puso en pie y anunció que debían partir de inmediato hacia Laredo -un viaje de trece horas- para conseguir más peyote. ¿Quién podía discutir? Subieron a trompicones a un Buick y partieron hacia el sur de Texas, parando sólo para repostar y comprar más cigarrillos. Por el camino, en la radio sonaban Elvis y Bach. Eggleston se mostraba impasible mientras conducía; Hall se maravillaba de su capacidad para conducir el vehículo en su estado alucinatorio. ("Eggleston era un auténtico viajero", recordaba el comisario Walter Hopps en su libro The Dream Colony. "Todos los fotógrafos deben tener eso: es inherente al medio").

*Perfectamente Aburrido:* Al llegar a la guardería de Laredo, sin dormir y aún desorientados, se presentaron a la propietaria, una mujer mexicana de mediana edad. Le agradecieron su servicio y se abastecieron de cactus. Sin embargo, en lugar de dar la vuelta, Eggleston insistió en conducirles al otro lado de la frontera, donde vagaron drogados por las calles de Nuevo Laredo, parando en los bares a medida que los encontraban. Finalmente aterrizaron en una choza de tablas de madera en el campo, comiendo carne de coyote y cabeceando al son de una brillante gramola hasta que se desmayaron.

*Perfectamente Aburrido:* El libro de Hall, dudosamente titulado William Eggleston y yo, está lleno de historias como ésta. A pesar de todos sus defectos -el autoengrandecimiento, la copia atrozmente inédita- también ofrece una visión accidental de los inicios de la carrera del fotógrafo, antes de que llegaran el reconocimiento y la notoriedad, el periodo durante el cual su sensibilidad debió de estar trabajando afanosamente para adquirir una forma definida. En un momento dado en México, mientras aún estaba consciente, Hall preguntó a Eggleston por aquel momento en Oxford, cuando vio el rojo palpitante. Hall quería saber: ¿Seguía viéndolo?

*Perfectamente Aburrido:* "Siempre hay algo de rojo, ése es mi color", le dijo supuestamente Eggleston. Aunque nunca había visto un tono de rojo como ése, admitió. "Nunca lo olvidaré", dijo. "Estaba vivo como la sangre".

Después de estos siete párrafos, William Stephenson pasó a hablar de cómo fue a Memphis para ver la fotografía de Eggleston y también para aprender más sobre su obra. Resulta un tanto extraño que a Stephenson se le permita entrar en el Eggleston Artistic Trust de Memphis, pero a mí no.

*Perfectamente Aburrido:* Stephenson continuó afirmando: "Una tarde de hace dos años, conduje hasta Memphis para ver una fotografía de Eggleston en persona. Llevaba años interesándome por la fotografía, que podría ser su más famosa: una bombilla desnuda colgando del techo en una habitación pintada de un rojo crudo y espeluznante. Una habitación roja en Greenwood, Mississippi, en 1973. Había llegado a parecerse a un puzzle. Y me había fijado en una cita de Eggleston, en la introducción de su libro Ancient and Modern, en la que él mismo parecía desconcertado por la imagen: "Te impacta cada vez", había dicho, añadiendo que era "tan poderosa, que de hecho nunca la he visto reproducida en la página a mi satisfacción".

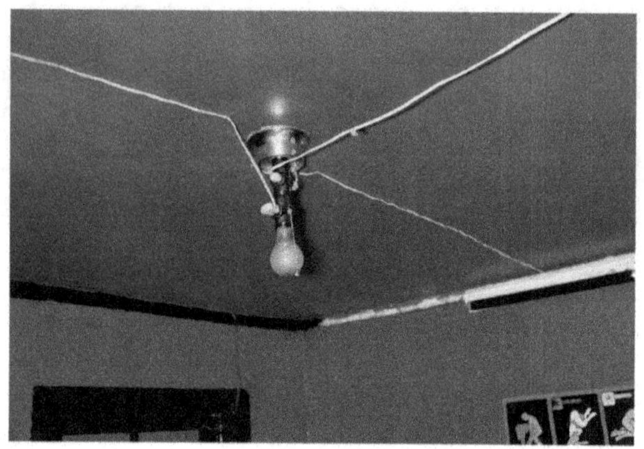

*(Sin título) Greenwood, Mississippi, 1973 de William Eggleston © Eggleston Artistic Trust, cortesía de David Zwirner*

Cita de William Eggleston, "'El techo rojo' fue como un ejercicio de Bach para mí porque sabía que el rojo era el color más difícil de trabajar. Un poco de rojo suele ser suficiente, pero trabajar con toda una superficie roja era un reto. Era difícil de hacer. No conozco ninguna fotografía totalmente roja, salvo en publicidad. La fotografía sigue siendo poderosa. Te impacta cada vez. Es como sangre húmeda en la pared".

Asesinabilia es un término que ha estado dando vueltas, refiriéndose a la explotación de objetos relacionados con casos de asesinato, como el asesinato sin resolver de mi padre. Esta práctica es controvertida y moralmente cuestionable, ya que apesta a insensibilidad hacia las víctimas y su sufrimiento. William Stephenson, en su ensayo continuo, se entregó a esta práctica al desvelar intrincados detalles sobre el caso de asesinato sin resolver de mi padre con Murderabilia de William Eggleston.

Su escrito parece glorificar lo macabro, haciendo afirmaciones y suposiciones falsas basadas en el arma homicida que Eggleston afirma que asesinó a mi padre y en narraciones sin fundamento. La naturaleza sensible del tema hacía crucial que Stephenson lo tratara con la máxima empatía y respeto, cosa que no hizo.

Su enfoque fue contrario. Obvió la necesidad de un retrato respetuoso y honesto y, en su lugar, priorizó el sensacionalismo y la rentabilidad. La práctica de Asesinabilia de Stephenson empañó su credibilidad como periodista.

Tras mis esfuerzos por obtener una justificación de sus audaces afirmaciones, Stephenson optó por bloquearme en todas sus plataformas de medios sociales. Fue un movimiento cobarde, que sugería su incapacidad para mantener sus acusaciones. Sin embargo, sus acciones no fueron las únicas, ya que los hijos de Eggleston, Winston Eggleston, Andra Eggleston y William Eggleston 3°, también decidieron retirarse al silencio en lugar de enfrentarse a preguntas legítimas sobre la implicación de su padre y su participación en ayudarle a lucrarse con la vida y el asesinato sin resolver de mi padre con Murderabilia.

La práctica de la Asesinabilia, tal y como la exhibieron Stephenson y los Eggleston, ejemplifica un aspecto problemático de nuestra sociedad. Es crucial cuestionar y desafiar tales prácticas, para garantizar que las narrativas de víctimas como mi padre no sean manipuladas y sus recuerdos sean respetados.

*Perfectamente Aburrido:* El ensayo continuaba diciendo: "Ésta era la razón por la que había decidido ir a Memphis. Porque me había dado cuenta, a pesar de haber admirado durante mucho tiempo la fotografía, de que nunca, en cierto modo, la había visto realmente".

El entrelazamiento del arte y la vida real puede conducir a menudo a complejos dilemas y cuestiones morales. La fotografía del Techo Rojo tomada por Eggleston, con su intenso tono rojo saturado y su estética geométrica, tiene una historia de fondo tan intrigante como la propia imagen.

Stephenson, en su búsqueda por comprender el trasfondo artístico de esta imagen, se embarcó en un viaje a Memphis para entrevistar a Eggleston. El telón de fondo de este encuentro no fue únicamente el relato artístico de la fotografía, sino también su macabra conexión con una tragedia del mundo real, el caso de asesinato sin resolver de mi padre.

Según el relato de Eggleston, el arma homicida, un hacha, que según él asesinó a mi padre, está vinculada a este caso con la fotografía El techo rojo, lo que añade una capa oscura a la narrativa de las imágenes y plantea interrogantes sobre la ética de sacar provecho de tales circunstancias.

Stephenson consiguió acceder a Eggleston y posiblemente a algunos de los secretos que esconde la fotografía de El techo rojo, mientras que a mí y a mi familia nos han dejado al margen.

Mi familia anhela justicia y un cierre, pero nos encontramos sólo excluidos de la narración, sino también atormentados por la mercantilización del trauma personal. Mientras los Eggleston siguen lucrándose con la tragedia del asesinato sin resolver de mi padre a través de la venta de su "Asesinabilia", se percibe que hacen la vista gorda ante el dolor muy real causado por las preguntas sin respuesta que rodean la trágica muerte de mi padre.

Esta compleja situación plantea un sinfín de preguntas sobre la responsabilidad artística y la ética de capitalizar una tragedia de la vida real. Las conversaciones en torno a Egglestons, "El techo rojo ", la búsqueda de la verdad por parte de Stephenson y el caso de asesinato sin resolver de mi padre sirven de crudo recordatorio del potencial del arte tanto para eliminar como para complicar nuestra comprensión de la realidad.

Las líneas difusas entre arte y realidad, personificadas en esta retorcida cola de intriga, ponen de relieve varios dilemas éticos con los que se agarra la sociedad. Por un lado está el innegable significado artístico de El techo rojo de Eggleston. La fotografía, con su intenso tono rojo y su descarnada sencillez, revolucionó la fotografía en color, influyendo en generaciones de fotógrafos. Por otro lado, el caso de asesinato sin resolver del Dr. T.C. Boring vinculado a esta famosa imagen añade una capa escalofriante a la narrativa que se esconde tras ella.

Para personas como Stephenson, que buscan extraer la verdad y el significado de la obra de Eggleston, la fotografía representa una oportunidad para ahondar en las complejidades de la interacción de las artes con la realidad.

El viaje de Stephenson a Memphis y la posterior interacción con Eggleston es un testimonio de hasta dónde se puede llegar en busca de la comprensión. Sin embargo, también ilumina los privilegios que se conceden a algunos, mientras que otros, como yo y los miembros de mi familia emparentados con mi padre. Permanecemos en la periferia y nuestros gritos de justicia no son escuchados y nuestro dolor no es reconocido.

La indiferencia percibida por Eggleston ante el dolor causado por el asesinato sin resolver del Dr. T.C. Boring y su aparente especulación con la tragedia a través de sus ventas de "Asesinabilia", plantea cuestiones punzantes sobre la ética de capitalizar la tragedia de la vida real. Incita a un examen crítico de cómo la sociedad navega por el delicado equilibrio entre la libertad artística y la responsabilidad social.

La intrincada red tejida en torno a "El techo rojo" de Eggleston, la implacable búsqueda de la verdad de Stephenson y el trágico asesinato sin resolver del Dr. T.C. Boring, sirve como potente recordatorio de cómo el arte puede tanto iluminar como oscurecer nuestra percepción de la realidad. Mientras seguimos lidiando con estos dilemas éticos, debemos luchar por una sociedad que valore el arte y su capacidad para provocar el pensamiento, al tiempo que se asegura de que no se convierta en un vehículo para explotar tragedias personales.

Por mi parte, nunca me han invitado a Memphis, Tennessee, a ver la fotografía El techo rojo de Eggleston y dudo seriamente que alguna vez me inviten a Memphis, Tennessee, a verla de cerca en persona, ya que los Eggleston me evitan como a la peste mientras se lucran con el asesinato sin resolver de mi padre con su Asesinabilia.

También escribí una carta una vez en 2019, dirigida a William Eggleston. Mi carta llevaba mis esperanzas de obtener respuestas que arrojaran luz en los oscuros rincones del fallecimiento de mi padre. Sin embargo, mis súplicas de comunicación se encontraron con el silencio. A pesar de que

Eggleston, Jr. firmó mi carta, prefirió ignorar mi petición de justicia.

El arma homicida en el momento en que le envié la carta seguía siendo un misterio para mí, mientras que el asesino seguía en libertad. Mis intenciones eran claras en la carta y mi determinación inquebrantable.

Anhelo justicia para mi padre, una búsqueda que Eggleston, Jr. desestima. La indiferencia de Eggleston no sólo se limita a él, sino que se extiende a sus parientes que no sólo le ayudaron en sus negocios, sino que parecen complacientes en ayudar a Eggleston beneficiándose del trágico final de mi padre con su Asesinabilia.

El concepto de Asesinabilia es desconcertante y descorazonador. Una cosa es lucrarse con el arte y la creatividad, y otra ganar con la trágica pérdida de una vida. Sin embargo, William Eggleston y su familia parecían más interesados en este truculento comercio que en ayudar en la búsqueda de justicia para mi padre. El arma homicida puede estar en su poder y su silencio es igual de perjudicial, igual de cruel.

Persisto en mi empeño de hacer justicia a mi padre, sin dejarme intimidar por la negativa de Eggleston a responder a mi carta. Puede que su silencio sea ruidoso, pero mi voluntad lo es más. Seguiré cuestionando, luchando y recordando a mi padre.

No por el asesinato sin resolver que se lo llevó, sino por el amor y la vida que compartió conmigo.

En esta saga de pérdida, justicia y la inquietante sombra de Asesinabilia, la relación entre los Eggleston, yo y el misterio que rodea el asesinato sin resolver de mi padre es complicada, marcada por el silencio por su parte y la implacable persecución por la mía.

La vida de mi padre, envuelta en el misterio, terminó de forma abrupta e inexplicable. El mercado de Asesinabilia, regentado por los Eggleston, que saca provecho de su desaparición no hace sino aumentar el dolor. Las preguntas sin respuesta en torno a la muerte de mi padre se convierten en un arma de doble filo. Tanto una fuente de dolor como un catalizador que motiva mi implacable búsqueda de la verdad.

El viaje es duro y el camino está sembrado de obstáculos, pero mi determinación se mantiene inquebrantable. La falta de respuesta de los Eggleston no hace sino avivar mi determinación de conseguir justicia para mi padre. Su silencio y su aparente desinterés por la causa de mi padre dejan al descubierto sus prioridades, los beneficios por encima de las personas, el dinero por encima de la moral.

Ante tal adversidad, el poder reside en la persistencia. La indiferencia de los Eggleston, aunque descorazonadora, sirve como recordatorio de la lucha que tenemos por delante. Mi búsqueda de la justicia puede ser solitaria, a menudo se topa con muros de ladrillo de silencio, pero es una lucha que merece la pena.

No soy de ninguna utilidad para los Eggleston y la única razón por la que se niegan a hablar conmigo es porque quiero hacer justicia a mi padre y a ellos no les preocupa de ninguna forma o manera hacer justicia a mi padre y, en cambio, están más preocupados por lucrarse con la vida y el asesinato sin resolver de mi padre con la Asesinabilia de William Eggleston.

2

# CAPÍTULO 2

———

*Perfectamente Aburrido:* Stephenson continuó afirmando: "El Eggleston Artistic Trust, que alberga los archivos de Eggleston, está en la primera planta de un anodino edificio de oficinas de ladrillo al otro lado de la calle de un instituto. Me llamó el hijo menor de Eggleston, Winston, que me condujo junto a altas estanterías metálicas y archivadores hasta su despacho, cálido y tenuemente iluminado".

*Perfectamente Aburrido:* "Había hojas de contacto de los libros de Eggleston en las paredes, que mostraban fotografías familiares en filas largas y estrechas: pequeños atisbos de tráfico y arquitectura vernácula y céspedes sureños de otro mundo. La habitación era un museo Eggleston en miniatura, completo con recuerdos. "Colecciono cosas que aparecen en las fotografías de papá", me dijo Winston, refiriéndose, entre otras cosas, a un cráneo humano demacrado que había aparecido en la película de su padre de mediados de los setenta Stranded in Canton".

Los Eggleston no sólo coleccionan cosas que se ven en la fotografía de Eggleston Jr. Coleccionan Asesinabilia, pero nunca oirá a ninguno de los Eggleston o a Maude Schulyer Clay afirmar que se dedican al coleccionismo y a la venta de Asesinabilia. El arte nunca debería ser un instrumento de daño o explicación. Sin embargo, los Eggleston han permanecido demasiado tiempo impunes por sus acciones en la escalofriante venta de su Asesinabilia.

También quiero señalar que el cráneo que aparece en Varados en Cantón pertenecía al Dr. Vernon Richards. El Dr. Richards era amigo de mi padre, el Dr. Thomas Chester Boring, Jr. Más tarde le regalaría el cráneo a mi padre.

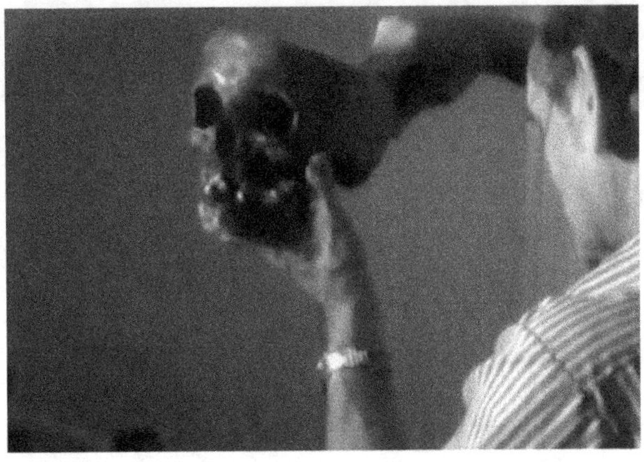

*El Dr. Vernon Richards y Sissy el cráneo de cadáver en
Varados en Cantón*

El Dr. Vernon Richards era una figura respetada en el campo
de la medicina y un catalizador de las trayectorias profesionales
de muchos, incluido mi padre, tenía una preciada colección de
objetos. Entre ellos se encontraba el curiosamente intrigante
cráneo de cadáver que también se ha exhibido en la casa de mi
padre, en el 508 de MacArthur, en Greenwood Mississippi.

El Dr. Vernon Richards escribió una carta de recomendación
para mi padre para que pudiera ingresar en la facultad de
odontología de Nueva Orleans, en la Universidad de Loyola,
entre 1952 y 57. Tras la trágica muerte de mi padre, en
circunstancias que se inclinan hacia el asesinato, el cráneo que
una vez figuró en la casa de mi padre aparentemente
desapareció, pero no fue el único objeto de su casa que
aparentemente desapareció porque también tenía un póster de

Bob Dylan que pareció desaparecer tras el trágico fallecimiento de mi padre.

Es muy posible que tras el asesinato de mi padre también le robaran. La calavera podría haber sido entregada a Eggleston a cambio de dinero. Otra obra de arte que se ve en posesión de Eggleston es el póster de Bob Dylan que se guardaba en casa de mi padre.

William Eggleston está relacionado con una serie de sucesos misteriosos relacionados con el asesinato sin resolver de mi padre. Uno de esos sucesos tiene que ver con el póster de Bob Dylan, una posesión antaño preciada en la humilde morada de mi padre y que ahora, inexplicablemente, es un adorno destacado en el despacho de Eggleston en el Eggleston Artistic Trust de Memphis, Tennessee.

Una foto de la oficina de Eggleston en el Eggleston Artistic Trust de Memphis, Tennessee, muestra claramente el póster de Bob Dylan que solía estar en la casa de mi padre y que ahora cuelga expuesto en la pared de la oficina de Eggleston en Memphis,Tennessee.

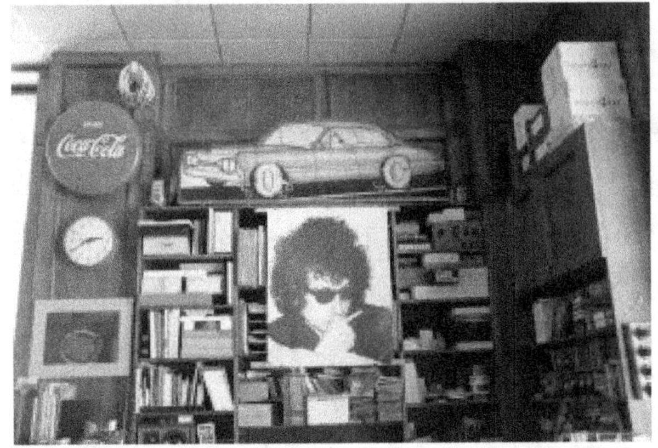

*El Fondo Artístico Eggleston en Memphis, Tennessee*

Puede ver este cartel en la fotografía de Eggleston titulada (Sin título) T.C. Boring Greenwood , Mississippi, a principios de los 70.

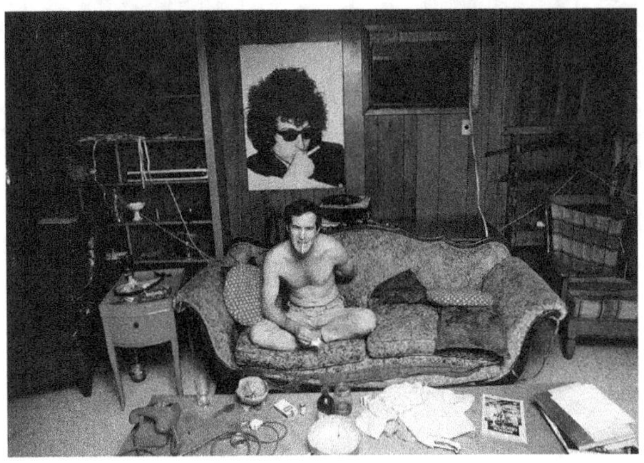

*(Sin título) T.C. Boring Greenwood, Mississippi principios de los 70*

Me di cuenta de que este póster de Bob Dylan que solía estar en casa de mi padre y que adorna el Fideicomiso Artístico de Eggleston en la pared de la oficina de Eggleston cuando vi una fotografía en la cuenta de Instagram de Winston Eggleston de Paul McCartney de pie delante del póster hablando con Eggleston. Se veía a Paul McCartney y a Eggleston hablando entre ellos con el póster de Bob Dylan de fondo.

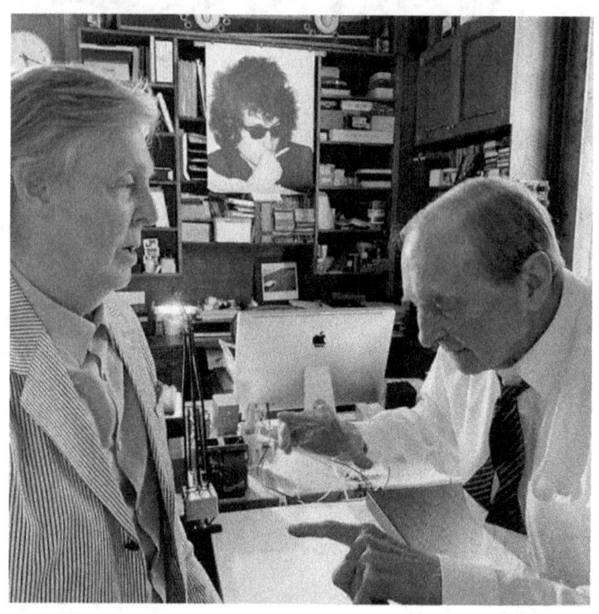

*Paul McCartney y William Eggleston en el Eggleston Artistic Trust de Memphis, Tennessee*

En un extraño giro del destino, el póster de Bob Dylan de la casa de mi padre ha encontrado su camino en la oficina de Eggleston, como se ve en una fotografía publicada en la cuenta de Instagram de Winston Eggleston. En esta imagen aparece nada menos que la leyenda de la música, Paul McCartney, enzarzado en una conversación con Eggleston, con el póster de Dylan como telón de fondo. Con sus tonos vivos y su tema iónico, el póster contrasta con la sombría realidad de la imagen del hacha de guerra.

Eggleston, cuya relación con mi padre era sospechosa en el mejor de los casos, apareció de repente en posesión de estos tesoros que una vez fueron de mi padre. El paradero actual del cráneo sigue sin revelarse en el Eggleston Artistic Trust, pero el póster de Bob Dylan, una pieza que antes se creía perdida, cuelga ahora descaradamente de la pared del despacho de Eggleston. Uno no puede evitar preguntarse si estas ocurrencias son meras coincidencias, o si hay una narrativa más oscura acechando bajo la superficie.

Las conexiones entre el Dr. Vernon Richards, mi padre, William Eggleston, y los misteriosos objetos tejen una historia tan intrigante como desconcertante. A medida que desentrañamos esta historia, nos quedamos con más preguntas que respuestas, encapsulando el enigma que rodea estas mentiras interconectadas y su pasado compartido.

Mi padre, contemporáneo del Dr. Vernon Richards en el ámbito académico, se benefició de la munificencia de este último cuando solicitó su admisión en la Facultad de Odontología de la Universidad de Loyola entre 1952 y 1957. Una carta de recomendación del Dr. Richards fue la llave que abrió la puerta a los sueños de mi padre de convertirse en dentista.

Entre los diversos objetos que adornaban la casa de mi padre durante este periodo, una calavera y un póster de Bob Dylan eran los más notables, cada uno singular y por su significado y querido por mi padre.

Avanzando rápidamente hasta el presente, estos preciados objetos parecen haber llegado a la colección de William Eggleston. El póster de Bob Dylan, que en su día fue una orgullosa reliquia en casa de mi padre, embellece ahora la pared del despacho de Eggleston en el Eggleston Artistic Trust de Memphis, Tennessee. La aparición del póster, tan alejado de su ubicación original, suscita una letanía de preguntas sobre cómo llegó Eggleston a adquirirlo. ¿Se lo vendió un tercero tras el asesinato de mi padre? ¿O la sustrajo él mismo en el caos posterior al asesinato de mi padre? El cráneo, sin embargo, sigue siendo tan exclusivo como siempre, su ubicación desconocida y su historia sin contar.

La narrativa de múltiples capas que envuelve al Dr. Vernon Richards, a mi padre y a William Eggleston no es sólo una historia de conexiones ambiguas y circunstancias misteriosas. Es también un testimonio de la delicada e intrincada red de relaciones que se teje a través de nuestras vidas, vinculándonos invisiblemente a los demás de formas que apenas podemos intuir. A medida que nos adentramos en esta compleja narración, nos embarcamos en un viaje al pasado, moviéndonos por las arenas del tiempo y buscando la verdad. En esta historia, como en la vida, el viaje promete ser tan cautivador como el destino.

Entre otras cosas que William Eggleston colecciona está el arma homicida con la que, según él y los miembros de su familia, asesinaron a mi padre. No sólo la colecciona sino que también saca provecho de su Asesinabilia con los miembros de la familia de Eggleston que le ayudan a sacar provecho del arma homicida que es un hacha.

La fotografía del arma homicida se titula (Sin título) Cerca del río en Greenville Mississippi c.1983-1986. Esta fotografía es una inquietante adición a la vasta y diversa cartera de Asesinabilia de Eggleston.

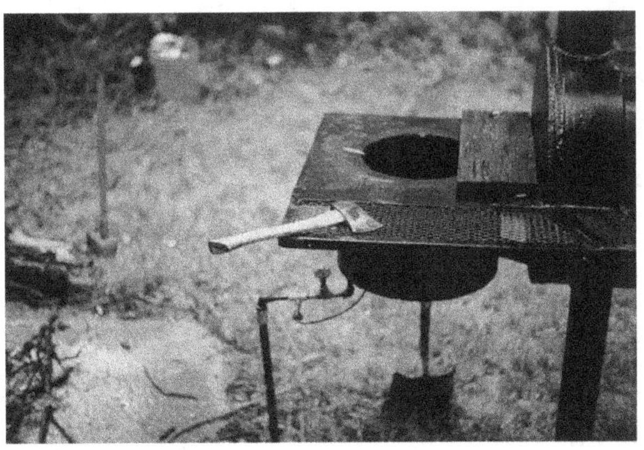

*(Sin título) Cerca del río en Greenville, Mississippi ca.*
*1983-1986*

Uno de los casos más llamativos se revela en una fotografía de un sujeto moderno que encierra una historia escalofriante, un hacha, que según se dice fue el arma homicida que acabó con la vida de mi padre en un crimen sin resolver.

Es más, parece que la familia Eggleston no sólo ha coleccionado este macabro recuerdo, sino que ha encontrado la forma de lucrarse con él vendiéndolo como Asesinabilia. Este acto plantea serias cuestiones éticas, sobre todo teniendo en cuenta la participación de los hijos de Eggleston, Jr. y de su prima Maude Schyular Clay. La mercantilización de una pieza tan oscura de la historia, especialmente una tan personal y dolorosa para mí, mi familia y otros, es un acto controvertido.

Así pues, este ensayo ofrece un cuento con moraleja. Un cuento sobre el arte y su posible mal uso, sobre las líneas difusas entre representación y explotación, y sobre el poder de las imágenes para contar historias, por perturbadoras que sean. Sirve como recordatorio de que siempre debemos acercarnos al arte, especialmente cuando ahonda en áreas sensibles, con una reflexión cuidadosa y respeto por las experiencias de los demás.

Lo que comenzó como un homenaje a la memoria de mi padre y una exploración de la obra de William Eggleston se ha convertido en una poderosa meditación sobre la compleja dinámica que entra en juego cuando el arte se encuentra con la tragedia. Es un recordatorio de que, a pesar de nuestros mejores esfuerzos por dar sentido al dolor en nuestras vidas, hay algunas historias que permanecerán para siempre sin contar, y algunos secretos que nunca desvelaremos.

En última instancia, es un cuento con moraleja que me ha enseñado una lección inestimable: rendir homenaje a las historias de los demás no con explotación, sino con dignidad y respeto. Al hacerlo, podemos honrar los recuerdos de las personas más cercanas a nosotros y asegurarnos de que sus experiencias se recuerdan de una forma que haga justicia a lo que realmente fueron.

Esta es mi responsabilidad, y espero que también sea la suya. Depende de cada uno de nosotros utilizar el arte de forma que celebre nuestro pasado en lugar de explotarlo. Al fin y al cabo, somos nosotros quienes debemos vivir con las consecuencias de nuestras elecciones. Asegurémonos de que esas elecciones reflejan nuestros valores y respetan las historias de los demás. Las personas que hemos perdido no merecen menos.

El impacto de la obra de Eggleston va mucho más allá del mundo de la fotografía. Su visión única y su dedicación a su oficio han cambiado nuestra forma de ver el arte. La fotografía de Eggleston (Sin título) Cerca del río en Greenville Mississippi c. 1983-1986 nos recuerda que Eggleston colecciona Assassinablia.

Sin embargo, nunca se recuperó ningún arma homicida,

como un hacha, de los restos calcinados de la casa de mi padre y, en su lugar, Eggleston recibió el arma homicida que fotografió de un tercero.

Desconozco quién es el tercero, pero Eggleston, sus hijos y Maude Schyular Clay siguen siendo responsables en virtud de la Ley del Hijo de Sam y también pueden ser acusados de cómplice después de los hechos porque Eggleston Jr y sus tres hijos y Maude Schulyer Clay se lucraron con el arma homicida en lugar de entregarla a las autoridades para que pudieran ayudar a hacer justicia al Dr. T.C. Boring y acercarse a su familia que llora la trágica pérdida de nuestro familiar.

3

# CAPÍTULO 3

*Perfectamente Aburrido:* Stephenson continuó afirmando: "Aquel día estaba muy ocupado. La National Portrait Gallery de Londres iba a organizar pronto una retrospectiva de Eggleston, y ello implicaría una gran preparación por parte del Trust. Seleccionar cuadros, embalarlos para el viaje al extranjero. Incluso iban a mandar hacer nuevas copias de algunas fotografías, lo que no era tarea fácil dada la rápida disminución de la disponibilidad de los materiales necesarios para el proceso de transferencia de tintes que Eggleston utilizó famosamente. Se trataba de un procedimiento químico caro y laborioso que se hizo más difícil -imposible, para la mayoría- después de que Kodak interrumpiera la producción de su película matriz y otros materiales de transferencia de colorantes en la década de 1990.

*Perfectamente Aburrido:* Desde entonces, la familia había confiado en un impresor que años antes había comprado grandes cantidades de las existencias restantes de Kodak, congelándolas para mantenerlas a buen recaudo. Pero su suministro estaba disminuyendo. "Está casi agotado", admitió Winston. ¿Qué pasará entonces? "Se acabó". Rara vez tenemos en cuenta la falibilidad de la fotografía analógica, así que fue inquietante saber que nos hemos estado acercando silenciosamente a un evento de extinción de bajo nivel. "Es un arte perdido", dijo. "Es triste, de verdad".

Lo que es realmente triste es el hecho de que Eggleston hijo, sus tres hijos y su prima Maude Schulyer Clay se estén lucrando con el arma homicida, un hacha, que Eggleston hijo y sus hijos afirman por dinero que asesinó a mi padre. Eso es lo realmente triste. En lugar de entregar esta arma homicida a las autoridades para que hagan justicia a mi padre, están más preocupados por lucrarse con el arma homicida.

Es profundamente penoso ver la explotación de la tragedia por parte de quienes deberían esforzarse por esclarecer la verdad. Un ejemplo flagrante de tan desafortunada situación gira en torno a la familia Eggleston, que incluye a William Eggleston Jr, sus tres hijos y su prima Maude Schulyer Clay. El arma que acabó con la vida de mi padre, un hacha, se ha convertido en un símbolo manchado de codicia en lugar de una prueba clave en el camino hacia la Justicia.

El concepto de Asesinabilia es una realidad desgarradora, que muestra una grotesca falta de respeto por la víctima y sus afligidas familias. Es crucial que, como sociedad, condenemos tales acciones, promoviendo así la Justicia y oponiéndonos a quienes pretenden lucrarse con el dolor y el sufrimiento ajenos.

La extraña y alarmante decisión de Eggleston y su familia de lucrarse con el arma homicida es un golpe bajo a la memoria de mi difunto padre y a nuestra búsqueda de llevar a sus asesinos ante la Justicia. Es como si la vida que llevó, la moral que enseñó y el amor que sentía por su familia y su comunidad se hubieran visto eclipsados por el sombrío atractivo del beneficio económico.

Por doloroso que sea aceptarlo, parece que los Eggleston han dado prioridad a sacar provecho de esta tragedia antes que a encontrar la verdad. En lugar de entregar el arma homicida a las autoridades, que podría aportar pruebas decisivas para resolver el asesinato sin resolver de mi padre, han optado por retenerla y sacar provecho de ella.

Esto me hace pensar que Eggleston Jr. podría haber estado implicado en el asesinato de mi padre. Uno pensaría que este sería el motivo para que Eggleston hiciera que alguien asesinara a mi padre mientras él estaba fuera del país. Es para que pudiera sacar provecho de su asesinato en las décadas venideras con su Asesinabilia.

En lugar de hacer justicia a mi padre durante los últimos 40 años los Eggleston y Clay se han estado lucrando de su asesinato sin resolver con su Asesinabilia y el arma del crimen, un hacha. Es realmente triste y enfermizo al mismo tiempo. ¡Muy repugnante de hecho!

La decisión de los Eggleston de lucrarse con el arma del crimen no sólo refleja un total desprecio por el estado de derecho, sino que también plantea interrogantes sobre su implicación y el caso. Uno no puede evitar preguntarse: ¿por qué retendrían algo tan crucial para la investigación a menos que tengan algo que ocultar?

En nuestra búsqueda de justicia para mi padre, apelamos a la conciencia de la familia Eggleston. Les instamos a que apoyen la investigación, nos entreguen el arma del crimen y nos ayuden a cerrar este doloroso capítulo. Sólo entonces honrarán de verdad la memoria de mi padre y quizá salven algo de su propia dignidad en el proceso.

Nunca es demasiado tarde para hacer lo correcto, pero será demasiado tarde si no actuamos ahora. Unámonos para asegurarnos de que se hace justicia y se descubre la verdad. Es hora de que la familia Eggleston y todos nosotros adoptemos una postura contra Asesinabilia y su inmoral especulación.

La trágica historia de la explotación de Eggleston Jr. y su familia sacude la conciencia y plantea serias dudas sobre su posible implicación en la muerte de mi padre. Su obsesión por sacar provecho de la supuesta arma homicida, en lugar de ayudar a las autoridades y a su búsqueda de justicia, es profundamente preocupante. Es un escenario que apesta a codicia, falta de escrúpulos y un desprecio absoluto por la santidad de la vida.

Lo más alarmante es el posible motivo de estas acciones. ¿Podría ser que el objetivo de Eggleston Jr. 'era sacar provecho de las secuelas de la tragedia todo el tiempo? El escenario pinta el sombrío panorama de un hombre que posiblemente orquestó un crimen atroz para beneficiarse de él en el futuro. El lucro aquí no es sólo en términos monetarios; es la creación y venta de Asesinabilia, una escalofriante mercantilización de la vida de un hombre arrebatada demasiado pronto.

*Perfectamente Aburrido:* "El techo rojo", como se suele llamar a la imagen de la bombilla -no tiene título oficial-, fue una de las primeras fotografías que Eggleston imprimió utilizando el proceso de transferencia de colorantes. Antes de que empezara a trabajar con él, el método se asociaba en gran medida con los anuncios publicitarios, National Geographic y las películas en Technicolor. Admiraba la vibración "abrumadora" de ciertos anuncios de cigarrillos y de las películas de Hitchcock, y no vio ninguna razón por la que no pudiera incorporar ese mismo color texturizado a su propia obra. En esto, se encontraba en la minoría radical. Walker Evans había tachado la fotografía en color de "vulgar". Paul Strand había argumentado que "las emociones superiores no podían expresarse en color", e incluso Robert Frank había estado de acuerdo, razonando que "el blanco y el negro son los colores de la fotografía". Los museos reflejaban en gran medida este sesgo.

*Perfectamente Aburrido:* Pero cuando Eggleston imprimió por primera vez "El techo rojo", vio que el resultado era notable: más extraño y rico incluso que el negativo en color y la película Kodachrome que había estado utilizando desde mediados de los sesenta. Inmediatamente se la envió a John Szarkowski, el legendario director de fotografía del Museo de Arte Moderno, que reconoció su inusual genialidad. En las escaramuzas venideras sobre la legitimidad de la fotografía en color, la imagen adquiriría un gran significado simbólico. Este momento menor e inexplicable -en el que un fotógrafo había reflexionado sobre una bombilla en el delta del Mississippi- llegaría a entenderse como un disparo en la proa de la atrofia del mundo del arte.

*Perfectamente Aburrido:* Ahora que Eggleston y los partidarios del color hace tiempo que ganaron esa guerra, merece la pena preguntarse si Evans, al menos, podría haber dado con algo. Hay algo vulgar en "El techo rojo". No sólo el cartel de luz negra visible en la esquina inferior derecha, una tabla de posiciones sexuales correspondientes a los signos del zodiaco (un cartel que Walmart sigue vendiendo por 11 dólares), sino la decadencia general de la fotografía, su oscuridad estilizada. Se siente impura.

*Perfectamente Aburrido:* Eggleston comentó una vez que sus fotografías se basaban, compositivamente, en la bandera confederada. Era una broma, una analogía deliberadamente provocativa, pero resulta difícil contemplar "El techo rojo" y no concluir que, al menos en este caso, tenía razón. La forma en que los cables blancos expuestos marcan una "X" imperfecta sobre el siniestro rojo. Una vez hecha la conexión, es imposible de olvidar. Sólo aumenta la sensación de tabú que persiste en los márgenes. La imagen se despliega, y luego se vuelve a desplegar.

*Perfectamente Aburrido:* Le pedí a Winston que la viera, se encogió de hombros y dijo: "Claro". Se acercó a una gran caja fuerte que había en un rincón de la habitación, jugueteó brevemente con la combinación y abrió la pesada puerta. Sacó una serie de cajones y luego deslizó la huella fuera de su carcasa. Caminamos hasta la otra habitación y colocó la fotografía sobre una plataforma bajo una lámpara. "Cualquiera que conozca la obra de Eggleston sabe que es un gran poeta del color rojo", escribió la novelista Donna Tartt en Artforum, y aquí estaba la prueba.

*Perfectamente Aburrido:* El rojo era irreal, o hiperreal: parecía gotear de la impresión, como si la pintura fuera a mancharse si se tocaba. El cuadro era a la vez convencionalmente bello y de algún modo aberrante, una dualidad que Eggleston reconoció al editor Mark Holborn cuando lo comparó con "un ejercicio de Bach", al tiempo que añadía: "Cuando se mira el tinte es como sangre roja mojada en la pared".

La descripción que el propio Eggleston hace de El techo rojo se asemeja a la vivacidad del tinte rojo al compararlo con la sangre húmeda en una pared. Esta macabra comparación ha suscitado una gran controversia, sobre todo porque está vinculada a un trágico suceso. La fotografía está asociada al asesinato sin resolver del Dr. T.C. Boring, lo que añade una capa adicional de espeluznante intriga a su historia. Es comprensible, porque a mi familia y a mí nos inquieta la inquietante comparación de ambas.

A pesar de sus controvertidas asociaciones, El techo rojo sigue siendo una pieza fundamental en la obra de Eggleston. También debemos reconocer las inquietantes implicaciones de la comparación que hace Eggleston entre el tinte rojo y la sangre húmeda en una pared. Esta comparación nunca debe tomarse a la ligera y debería servirnos de recordatorio para responsabilizarnos de nuestras propias palabras y acciones, y para pensar antes de hablar que como espectadores de la obra de Eggleston es nuestra responsabilidad utilizarla de una forma que no trivialice la tragedia ni cause más dolor a los que aún están de duelo.

La confluencia del arte y la realidad a veces puede generar tensión y controversia, como ejemplifica el caso de la afirmación de William Eggleston El techo rojo parecía sangre roja mojada en la pared. Esta fotografía, con sus oscuros y vívidos hughes, ha sido el centro de muchas discusiones, sobre todo por su asociación con la tragedia de la vida real del Dr. T.C. Boring, cuyo asesinato no se ha resuelto.

La narrativa subyacente a la que se ha asociado esta obra de arte dista mucho del atractivo estético que presenta inicialmente. La controversia no puede pasarse por alto. Algunos han considerado que la asociación de la fotografía con el asesinato sin resolver del Dr. T.C. Boring es un comentario enfermizo sobre un suceso inmensamente personal y doloroso.

El dolor de mi familia, obligada a revivir el brutal fallecimiento de nuestros seres queridos a través de una fotografía que ha sido ampliamente difundida y aclamada por la crítica, es palpable.

El discurso en torno al comentario de Eggleston "Sangre roja en la pared" plantea importantes cuestiones sobre la responsabilidad de los artistas, la interpretación del arte y la línea que separa el arte de la realidad. La obra de William Eggleston fue impulsada por una visión artística, mientras que, sin saberlo, se convirtió en parte de una narrativa mucho más oscura y sombría que los dominios del arte.

La tensión entre el arte y la realidad, tal y como se representa en la narración de "Sangre roja en la pared", presenta un crudo recordatorio del poder del arte y de la responsabilidad que conlleva. Un recordatorio de que, a veces, la línea que separa el arte de la realidad puede desdibujarse, sembrando controversia y dolor a su paso.

Este es el poder del arte, un poder que no debe tomarse a la ligera.

4

# CAPÍTULO 4

———

*Perfectamente Aburrido:* Aquí Eggleston insinúa la otra cara del poder visual de la fotografía: una relación inquietante con lo real. Sangre roja mojada en la pared. Esta era la otra razón por la que había ido a Memphis. Quería saber qué había ocurrido en aquella habitación.

Eggleston y su familia explotan el asesinato sin resolver del Dr. T.C. Boring con la fotografía de Eggleston El techo rojo para aumentar el valor percibido de su obra.

Contrariamente a las afirmaciones de Eggleston y Stephenson, El techo rojo no fue captada por Eggleston en el lugar mencionado de la calle Virginia 103 y no está relacionada en modo alguno con el trágico fallecimiento del Dr. T.C. Boring. La fotografía, un intenso retrato de un techo crudamente rojo, no tiene ningún vínculo directo con el crimen del asesinato del Dr. T.C. Boring ni con su escenario. El intento de vincularla con un atroz acto de asesinato es un ejemplo descorazonador de Asesinabilia, una práctica que explota la tragedia con fines lucrativos.

En el ámbito de la fotografía, el nombre de William Eggleston aparece a menudo relacionado con el sórdido comercio de la Asesinabilia. El concepto de Asesinabilia, el fenómeno de coleccionar artefactos relacionados con actos delictivos o criminales ha sido durante mucho tiempo un tema de controversia con algunos de los trabajos de Eggleston.

La polémica en torno a El techo rojo sirve de advertencia sobre los peligros de la Asesinabilia. Subraya la necesidad de vigilancia y pensamiento crítico en nuestras interacciones con el mundo del arte, recordándonos que el encanto de una narración puede ser a veces una fachada para la explotación. Al profundizar en los detalles de cada obra de arte, es esencial distinguir entre su valor intrínseco y las narraciones intrínsecas que se tejen a su alrededor.

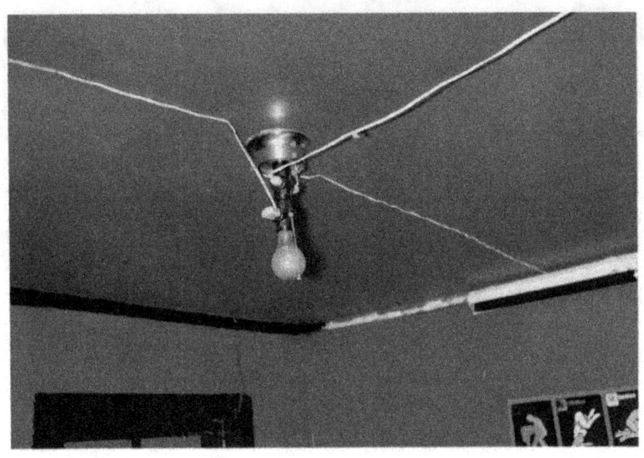

*Sin título (Greenwood, Mississippi, 1973) de William Eggleston © Eggleston Artistic Trust, cortesía de David Zwirner*

También es importante comprender el impacto que tales tergiversaciones tienen en el mundo del arte, así como en la memoria y la dignidad de las víctimas. Prácticas sin escrúpulos como éstas ensombrecen la integridad de la comunidad artística, socavando la esencia misma del arte. Además, contribuyen a la mercantilización del crimen, una tendencia ética y moralmente cuestionable.

*Perfectamente Aburrido:* La casa de la fotografía pertenecía a un hombre llamado Tom "T. C.". Boring, un dentista nacido y criado en Greenwood, a quien Eggleston ha descrito como el mejor amigo que ha tenido en el mundo.

La historia de William Eggleston es un conmovedor reflejo de las complejidades de la naturaleza humana, donde la lealtad se ve eclipsada por el interés personal. Eggleston, antaño compañero del Dr. T.C. Boring reveló una faceta más oscura de su carácter cuando decidió beneficiarse del asesinato sin resolver de su amigo. El inicio de Asesinabilia en 1983 con la fotografía de Eggleston (Sin título) Cerca del río en Greenville Mississippi c.1983-1986 es el comienzo de un inquietante viaje a lo largo de los cuarenta años siguientes en el que la justicia y la moralidad se dejaron de lado en aras del beneficio.

Esta empresa comenzó bajo la égida de Eggleston Jr. que inició la mercantilización de la trágica muerte de su amigo, el Dr. T.C. Boring. Es una práctica desconcertante lucrarse con la desgracia de un amigo y más cuando esa desgracia implica un asesinato sin resolver.

Sin embargo, esta narración tomó un giro más oscuro con el paso de las décadas, ya que los miembros de la familia de Eggleston perpetuaron esta práctica, contribuyendo cada uno, a su manera, a la comercialización del asesinato sin resolver del Dr. T.C. Boring con Asesinabilia.

El concepto de Asesinabilia, aunque desconocido para muchos, tiene sus raíces en este relato. Esta práctica consiste en la venta de artículos asociados a crímenes, especialmente brutales, y las acciones de la familia Eggleston sirven como crudo recordatorio de hasta dónde llegará la gente por obtener ganancias monetarias.

La búsqueda de la justicia encuentra poco espacio en esta narración, ya que la comercialización de la tragedia se erige como tema central. Lo que comenzó como una caída en desgracia para William Eggleston terminó como una empresa familiar y un conmovedor recordatorio de cómo la codicia puede distorsionar los valores humanos. El relato sirve como una llamada a las armas de la Justicia, una súplica para que se reconozca el dolor subyacente a la tragedia mercantilizada y una directiva para que la sociedad haga una introspección y rechace tales prácticas.

Aunque las acciones de la familia Eggleston son un crudo recordatorio del lado más oscuro de la humanidad, también pone de relieve la importancia de la Justicia, la ética y la empatía en nuestras acciones. Esta historia sirve de recordatorio y de lección para priorizar la Justicia sobre el beneficio personal y para defender los valores que nos hacen humanos. Deberíamos esforzarnos por recordar siempre a aquellos que no pudieron encontrar Justicia, y ver sus historias como una llamada a hacerlo mejor.

El legado del asesinato sin resolver del Dr. T.C. Boring debería servir como recordatorio de que ningún crimen puede quedar impune y de que la búsqueda de la Justicia es esencial para cualquier crecimiento ético significativo de la sociedad. La saga de William Eggleston y el asesinato que le siguió sirve para recordarnos cómo la codicia puede nublar nuestro juicio y debería servirnos a todos para recordar nuestra responsabilidad hacia la Justicia, por difícil que parezca o por el precio que tengamos que pagar. Comprendiendo esta historia, podemos equiparnos mejor para asegurarnos de que ningún crimen sea olvidado o ignorado.

Les debemos a aquellos que no pudieron encontrar la Justicia en vida, descubrirla en la muerte. Recordemos la historia de William Eggleston y utilicemosla como recordatorio de cómo todos debemos esforzarnos por garantizar que ningún crimen quede impune. Podemos asegurarnos de ello responsabilizándonos a nosotros mismos y a nuestra sociedad de cualquier transgresión, por grande o pequeña que sea.

*Perfectamente Aburrido:* Era el vástago de una respetada familia del Delta, un agudo y prometedor arquetipo sureño que se deslizó por la Universidad de Mississippi, la Universidad de Loyola y la Marina antes de volver a casa, a Greenwood, y perder gradualmente, sin gracia, la cabeza.

El retrato que Stephenson hace de mi padre pinta una imagen inquietante y perturbadora. Alega el deterioro mental de mi padre, una afirmación que conlleva fuertes implicaciones y que podría empañar la reputación de mi padre. Las afirmaciones falsas, especialmente de esta naturaleza, pueden ser increíblemente perjudiciales.

Crean narrativas que deforman las percepciones de la gente, proyectando sombras donde no las hay. Tales afirmaciones pueden clasificarse como difamatorias, diseñadas para aguantar la reputación de alguien difundiendo información falsa sobre él. En este caso, el retrato que Stephenson hace del Dr. T.C. Boring parece ajustarse a esta definición.

*Perfectamente Aburrido:* "Se parecía un poco a Errol Flynn", me dijo Allen Wood, amigo de Boring desde el instituto, "o quizá a un William Faulkner más joven, con bigote".

El enigma de Alan Wood ha resultado ser un rompecabezas desconcertante, que me ha embarcado en un viaje de descubrimiento. Allen Wood, una figura aparentemente importante en el pasado de mi padre por lo que afirma Stephenson en su ensayo, permanece sin rostro y sin nombre, salvo por los susurros inencontrables y los restos de conversación dentro de un ensayo que insinúan su existencia.

En mi búsqueda, di con el nombre que aparecía repetidamente en la narración del Dr. T.C. Boring. Conocido por sus afanes académicos y una notable red de conocidos, el Dr. T.C. Boring podría tener la clave del misterio que es Allen Wood. Sin embargo, su conexión con Allen Wood sigue siendo tan esquiva como el propio hombre. No hay recortes de periódico, ni entradas de diario, ni correspondencias que puedan arrojar luz sobre su amistad, si es que alguna vez la hubo.

A medida que se acumulan las pruebas, o la falta de ellas,

me inclino cada vez más a considerar que Allen Wood podría ser una creación de la fantasía. Un nombre conjurado de la nada y entretejido en el tejido de la tradición de mi familia. No puedo evitar recordar las numerosas afirmaciones falsas de Stephenson, lo que añade más credibilidad a mi sospecha.

Este viaje, por tortuoso e infructuoso que pueda parecer, ha sido una fascinante exploración del pasado. Ya sea Allen Wood un confidente de mi padre, un amigo imaginario o un personaje inventado, se ha convertido en parte integrante de la narrativa de mi familia.

En mi búsqueda de respuestas, tropecé con Asesinabilia de Eggleston. ¿Podría mi investigación tomar una nueva dirección con la ayuda de un experto? Eggleston's Asesinabilia parecía una pista prometedora, pero ¿podría haber otras? Consultar a un investigador privado podría proporcionarme las respuestas que busco. Desde escarbar en registros y documentos hasta consultar con expertos en casos criminales, quizá mis preguntas sobre Allen Wood obtengan por fin la respuesta que merecen.

La búsqueda de pistas me ha llevado por muchos caminos, desde peinar recortes de periódicos hasta el ciberespacio, pero la niebla del misterio permanece, y un ojo profesional podría ser lo que se necesita para despejarla.

Al recordar mi viaje hasta ahora, no puedo evitar sentirme

entusiasmada por las posibilidades que me esperan. Mi investigación ya ha arrojado resultados intrigantes y, con la incorporación de un investigador privado, quizá se desvele la verdadera identidad de Allen Wood.

La búsqueda continúa y las preguntas siguen sin respuesta, pero siento que cada vez estoy más cerca de desentrañar este enigma. ¿Quién es Allen Wood? La respuesta está ahí fuera y estoy decidido a averiguarla. Puede que mi pregunta nunca tenga respuesta, pero descubrir la verdad será, no obstante, un viaje interesante.

*Perfectamente Aburrido:* Aburrido tenía predilección por las plantas exóticas, las mujeres jóvenes y el whisky de maíz. En público, a menudo vestía trajes de tweed y jerséis de cuello alto, y fumaba en pipa. Pero la mayoría de las veces vestía lo menos posible; en casa, prefería evitar la ropa por completo. En pleno verano, ponía el aire acondicionado a tope para tener siempre un fuego encendido en el salón, para ambientar.

*Perfectamente Aburrido:* Dormía a horas raras. Hacía chistes crípticos. Poseía varias iguanas. Su posesión más preciada era su carpincho mascota, al que paseaba por el barrio con correa.

El Dr. T.C. Boring no poseía una colección de iguanas ni un carpincho. Le pregunté a la ex mujer de mi padre si recuerda que alguna vez tuviera un capibara o iguanas y me contestó que sabe que nunca tuvo ninguno de estos animales. Mi madre también me comentó en vida que mi padre poseyó en una época un pastor alemán blanco, pero nunca jamás me afirmó que poseyera un carpincho o iguanas. Mi padre nunca tuvo tiempo para esos animales.

Mi padre estaba demasiado ocupado creando obras de arte, bebiendo alcohol o practicando la odontología que para dedicar tiempo a animales como un carpincho o unas iguanas. Las afirmaciones de Stephenson carecen de la fundamentación necesaria para ser creíbles y, por lo tanto, la credibilidad de Stephenson se tira por la ventana.

También es importante que recordemos que las palabras de una sola persona nunca deben considerarse una verdad absoluta y que siempre debemos buscar múltiples fuentes de información antes de formarnos una opinión.

*Perfectamente Aburrido:* "No le apetecía especialmente socializar con su conjunto social, la gente con la que creció, con la que fue a la universidad", dijo Wood. "Le gustaba demasiado lo extraño". Empezó a utilizar oscuros alias: Victor Vander, Bob Boyd. El significado de estos nombres seguía siendo un misterio, algo que se guardaba para sí mismo.

La narrativa tejida en torno a la vida de mi padre, tal y como la propaga Stephenson en su ensayo, es una de inexactitud empañada y suposiciones engañosas. Han manchado su imagen con afirmaciones difamatorias, utilizando el apodo de "Victor

Vander, Bob Boyd", que mi padre nunca utilizó, en su lugar prefería el apodo de 'Bubba'. Las palabras de mi madre tienen más peso que las escandalosas historias contadas por Stephenson, ya que se hacen eco de la verdad sobre la identidad de mi padre.

Pues fue mi madre la que me afirmó que mi padre recibió el apodo de 'Bubba' en distintas ocasiones. Asimismo, mi padrastro, el Dr. R.H. Flowers también me afirmó lo mismo. Que mi padre en diferentes ocasiones se hacía llamar 'Bubba'.

En el círculo de esta debacle se encuentra un personaje, mi padre, que parecía ser un actor integral en la distorsionada narración. Aunque Stephenson parece utilizar su implicación de forma estratégica, posiblemente para crear una historia más enrevesada y sensacionalista en su ensayo. Sin embargo, es importante señalar que su papel sigue sin estar claro y que, al igual que gran parte de la información proporcionada por el ensayo de Stephenson, carece de pruebas verificables.

Bajo el velo de sus salaces historias, hay una sombría realidad que no puede ignorarse, el asesinato sin resolver de mi padre. Aunque las circunstancias que rodearon su asesinato siguen envueltas en el misterio, es crucial separar la ficción de la cruda verdad. Su vida no fue un espectáculo que se distorsionara para divertir o intrigar, sino una valiosa experiencia de relaciones brutalmente truncadas.

El ensayo de Stephenson es una parodia. No respeta la memoria de mi padre ni la desesperada necesidad de justicia tras su asesinato sin resolver. Es crucial comprender que la vida de un hombre y su tragedia no son forraje para el entretenimiento, sino temas nuestros que exigen respeto, dignidad y auténticos intentos de verdad y justicia. Las calumniosas afirmaciones contra mi padre deben desestimarse y debe buscarse su verdadera historia. Una que honre su vida e investigue su prematura desaparición.

Seguiré luchando por la justicia en nombre de mi querido padre y buscando respuestas que honren su memoria. Mantendré mi compromiso de descubrir la verdad que se esconde tras su prematura muerte, sin importar el tiempo que me lleve o lo mucho que tenga que trabajar para ello.

Ninguna información falsa puede eclipsar la importancia de mi misión y seguiré buscando activamente la verdad a pesar de los esfuerzos de Stephenson por distorsionarla. La vida de mi padre no fue un espectáculo ni un show. Su legado merece ser recordado y honrado como tal.

5

# CAPÍTULO 5

---

*Perfectamente Aburrido:* Eggleston conoció a Boring a través de una amiga de Greenwood, y la fotógrafa y el dentista congeniaron de inmediato. "Se relacionaban mucho", me dijo Maude Schuyler Clay, prima de Eggleston y ella misma una renombrada fotógrafa. "Ambos eran un par de iconoclastas réprobos". Compartían una visión sesgada e irónica de la vida y un conjunto de valores absurdos. Se parecían en su dedicación a una cultura que no les servía de nada, que les trataba como parias. Podían odiar el Sur por su mojigatería o hipocresía, pero no podían imaginarse marchándose, no por mucho tiempo. Éste era su hogar. Su desprecio hacia ellos sólo mantenía las cosas interesantes. Eso, y que a ambos les gustaba beber.

mis publicaciones anteriores. Esta clara contradicción plantea dudas sobre la fiabilidad de Clay como fuente de información sobre la vida y el asesinato sin resolver de mi padre.

Clay es un mentiroso y un embustero al igual que Eggleston es un mentiroso y un embustero cuando se trata del asesinato sin resolver de mi padre y su Asesinabilia. Clay sabe muy bien sobre la pretensión de Eggleston de lucrarse con su Asesinabilia que mi padre fue asesinado con un hacha o un hacha en la cabeza.

El acto de lucrarse con la tragedia de otra persona, en particular con un asesinato no resuelto, es una clara desviación de los valores sociales que apreciamos. Además, muestra una profunda falta de respeto y empatía hacia la familia de la víctima, que sigue buscando justicia.

Hay una inquietante narrativa que se ha ido desarrollando en Perfectamente Aburrido, arrojando una dudosa luz sobre los motivos del Dr. T.C. Boring y sus socios. Con pruebas que sugieren que puede haber verdad en mis acusaciones de que se están beneficiando de su asesinato sin resolver con Asesinabilia.

*Perfectamente Aburrido:* Otro amigo íntimo de T.C. qué pasó mucho tiempo con él y Eggleston describió sus noches juntos como fiestas borrosas e indeterminadas, "sobre todo bebiendo y tomando quaaludes, los dos arrastrándose por el suelo".

Stephenson nunca declaró quién era el otro amigo íntimo de T.C. 'cuando Stephenson afirmó que estaban de fiesta y bebiendo mientras tomaban quaaludes y se arrastraban por el suelo. Esto no es más que otra falsa afirmación difamatoria hecha por Stephenson para hacer quedar a mi padre como un drogadicto.

Con la afirmación de Stephenson de que mi padre tomaba quaaludes lo está retratando y de una manera que no sólo es errónea, sino también profundamente hiriente. Sus afirmaciones infundadas, en particular las que tachan a mi padre de drogadicto, han causado una gran angustia a nuestra familia.

*Perfectamente Aburrido:* Después de la temporada de Boring en la Marina en Corea, un psiquiatra le había recetado el barbitúrico Seconal, que más tarde diría que era "la peor maldita cosa que podían hacer".

Mi padre nunca fue a servir en la Guerra de Corea en la Marina a principios de los años 50. En lugar de eso, mi padre fue a la Facultad de Odontología de la Universidad de Loyola, en Nueva Orleans, de 1952 a 1957.

En el verano de 1953, la Guerra de Corea terminó el 27 de julio. mientras Tom estaba en la Facultad de Odontología. Mientras la Guerra de Corea hacía estragos a principios de los años 50, una historia diferente se desarrollaba en la vida de mi padre. En lugar de alistarse para la batalla, eligió el camino de la educación, dedicando sus primeros años de adulto a dominar el arte de la odontología en la escuela de Odontología de la Universidad de Loyola en Nueva Orleans.

El Dr. T.C. Boring fue aceptado en la facultad de Odontología de Loyola en el otoño de 1952, el 5 de septiembre y el 22 de septiembre. Tom comenzó su primer año en la escuela de Odontología de la Universidad de Loyola. En 1952, un año crucial marcado por intensos conflictos mundiales, el Dr. T.C. Boring iniciaba un camino igualmente desafiante, pero en un ámbito muy diferente. Su aceptación en la Facultad de Odontología de Loyola fue el primer paso hacia una carrera que cimentaría su legado en los campos de la salud bucodental y la academia.

Apenas 17 días después de su aceptación, el 22 de septiembre, en la facultad de Odontología. Los pasillos de la facultad de Odontología de la Universidad de Loyola contrastaban con las trincheras de la guerra de Corea. No estaban llenos de ecos de disparos, sino del zumbido de la discusión intelectual, los susurros silenciosos de los estudiantes que se volcaban en sus libros de texto y la firme dedicación de los futuros dentistas que daban forma a sus habilidades.

La guerra de Corea fue un importante telón de fondo de sus años en la Facultad de Odontología, un recordatorio constante del camino no recorrido y un testimonio de su compromiso con la profesión elegida. La elección del Dr. T.C. Boring de cursar estudios de Odontología en lugar de convertirse en soldado en la guerra de Corea dibuja un vívido retrato de un hombre que valoraba la educación y el deseo de contribuir a la sociedad a través de la atención sanitaria. Su trayectoria desde la Facultad de Odontología de la Universidad de Loyola hasta convertirse en un respetado profesional de la odontología sirve de inspirador testimonio de su dedicación y perseverancia.

Así que aunque el ensayo Perfectamente Aburrido afirma que Tom sirvió en la Guerra de Corea no es posible porque tengo todos sus registros militares que solicité a la Marina de EE.UU. y sus registros dicen otra cosa. Sus registros de la Marina de EE.UU. dicen que estaba en la escuela en el momento de la Guerra de Corea estudiando para convertirse en dentista en la Universidad de Loyola en Nueva Orleans.

Así que este ensayo difamatorio no sólo difama al Dr. Boring, sino que inventa el servicio del Dr. T.C. Boring en las Fuerzas Armadas de EE.UU. mientras estudiaba para ser Dentista.

*Perfectamente Aburrido:* Pronto se graduó en el opiáceo Dilaudid, que tenía desafortunadas contraindicaciones con el alcohol ilegal local que él prefería.

Mi padre nunca se graduó en Dilaudid. Ésta no es más que

otra falsa afirmación difamatoria de Stephenson para hacer aparecer a mi padre como un drogadicto. Stephenson nunca ha respaldado sus afirmaciones sobre la vida y el asesinato sin resolver de mi padre, sino que me ha bloqueado en todas las cuentas de las redes sociales en un intento de evitar responder a cualquiera de las preguntas que le hice sobre sus afirmaciones en su ensayo Perfectamente Aburrido.

Esta falta de veracidad en las afirmaciones de Stephenson es un flagrante desprecio a la verdad y un flaco favor al legado y la memoria de mi padre.

Sumándose a las falsedades, Stephenson engaña aún más a sus lectores al insinuar que el asesinato sin resolver de mi padre estaba vinculado de algún modo a su supuesto consumo de drogas. Esta afirmación difamatoria no está respaldada por ninguna prueba fáctica, ni se ajusta a la realidad de la vida de mi padre. Mis intentos de entablar un diálogo con Stephenson para que me aclare estas afirmaciones se han topado con evasivas y evasivas. Ha optado por bloquearme en las redes sociales en lugar de responder a mis preguntas.

Esta representación de mi padre en Perfectamente Aburrido no sólo es incorrecta desde el punto de vista de los hechos, sino también profundamente irrespetuosa. Es una burda tergiversación de un hombre que fue mucho más que las versiones distorsionadas de él que se presentan en el ensayo de

Stephenson. Es crucial dejar las cosas claras, no sólo en aras de la verdad, sino también en honor a la memoria de mi padre.

La vida de mi padre se ha explotado aún más en forma de "Asesinabilia". Un término utilizado para describir objetos mercantilizados relacionados con casos de asesinato. En un error en el que nuestra privacidad está cada vez más en peligro, es especialmente descorazonador presenciar cómo el legado de mi padre es cooptado para obtener beneficios comerciales. Esta mercantilización del asesinato no tiene cabida en nuestra sociedad, y debemos adoptar una postura contraria a esta práctica aborrecible. Es importante recordar que detrás de estos objetos hay personas cuyas vidas se han visto afectadas por la tragedia.

Es esencial que se haga justicia a las víctimas del crimen y que sus historias se cuenten con respeto. Debemos resistir la tentación de sensacionalizar el asesinato y, en su lugar, recordar de forma respetuosa y digna a quienes nos han sido arrebatados trágicamente.

Seguir explotando a las víctimas del crimen para obtener beneficios económicos es una afrenta a su memoria. Una que no debemos tolerar. Es hora de que pongamos fin a esta práctica crucial de la Asesinabilia. Para dar a las víctimas la Justicia que merecen.

El respeto por quienes nos han sido arrebatados debe ser

nuestra prioridad. Honrémosles contando sus historias con veracidad y precisión, en lugar de sucumbir a la tentación de sensacionalizar el asesinato. El legado de mi padre y de todas las demás víctimas no debe empañarse con afirmaciones difamatorias ni con la mercantilización de su memoria. En su lugar, esforcémonos por recordarlas de una forma que se ajuste a sus vidas, en lugar de la versión distorsionada que presenta el ensayo de Stephenson.

6

# CAPÍTULO 6

---

*Perfectamente Aburrido:* "Nunca he abusado en mi vida", le dice Boring a Eggleston en una escena de Stranded in Canton. Ante esto, Eggleston se ríe audiblemente desde detrás de la cámara. "Se ríe de eso", dice Boring sonriendo, "pero es la maldita verdad".

*Perfectamente Aburrido:* A finales de los años sesenta, Boring se había divorciado de su primera esposa y vivía con una novia de dieciocho años llamada Mona, a la que había recogido una tarde en una tienda y convencido de algún modo para que le siguiera a Greenwood.

Contrariamente a la narrativa popular difundida por

Stephenson en su ensayo, la trayectoria matrimonial del Dr. T.C. Boring y su esposa, Betty Ann Stribling, distaba mucho de la cronología comúnmente percibida.

Su enlace, el 29 de diciembre de 1956, estaba destinado a durar sólo cuatro años, culminando en separación y posterior divorcio a finales de los 50, el 21 de octubre de 1960. Por lo tanto, la afirmación de Stephenson de que mi padre se divorció de Betty Ann Stribling a finales de los años 60 es una falsa afirmación inventada.

La separación de mi padre de Betty Ann antes de divorciarse se caracterizó por numerosos retos y transiciones. Su divorcio de Betty Ann Stribling marcó el final de una era, seguido de un periodo de soledad.

A finales de los 60, sin embargo, apareció un nuevo interés romántico en su vida, mi madre. Su relación fue intermitente al principio, caracterizada por citas ocasionales hasta que el amor floreció en un matrimonio satisfactorio. Mi padre nunca mantuvo una relación con Mona porque salía con mi madre durante el tiempo que conoció a Mona.

El nuevo capítulo del matrimonio para mi madre y mi padre comenzó en un juzgado de Carrollton, Alabama, el 27 de enero de 1971. Esta unión marcó el comienzo de una nueva vida para mi padre, una vida que era significativamente diferente de su anterior experiencia matrimonial con Betty Ann Stribling.

A medida que se desarrolla esta narración, queda claro que la historia de la vida romántica del Dr. T.C. Boring es un testimonio de la naturaleza impredecible de las relaciones humanas. Sirve como recordatorio de que la vida a menudo resulta ser muy diferente de las expectativas convencionales y de las suposiciones más extendidas.

La historia del Dr. T.C. Boring y de las dos mujeres de su vida es un importante recordatorio para todos de que la vida puede ser impredecible y de que nunca es demasiado tarde para empezar un nuevo capítulo. A pesar de la narrativa predominante sobre la Asesinabilia de Eggleston, siempre hay historias de esperanza y renovación esperando a ser desenterradas y, aunque algunos relatos no tengan un final tan feliz para siempre como hubiéramos deseado, sigue habiendo lecciones que aprender y valiosas percepciones que obtener de ellos. En el caso de la vida del Dr. T.C. Boring nos enseña que a veces es necesario reexaminar la narrativa, y aunque no siempre venga acompañada de un final feliz, nunca deja de haber algo que aprender.

La vida del Dr. T.C. Boring es un relato entre otros muchos cuyas historias a menudo quedan sin contar en la gran narrativa de la Asesinabilia de Eggleston. Aquí, su historia sirve como recordatorio de que siempre debemos tomarnos el tiempo para buscar perspectivas y verdades diferentes, incluso cuando parezca que han sido olvidadas o enterradas por la historia. Al hacerlo, podemos obtener nuevos conocimientos sobre las historias de aquellos cuyas vidas vivieron y terminaron.

*Perfectamente Aburrido:* Puede ser persuasivo en este aspecto. "Tom decía que si quieres ligar con una mujer, la miras a los ojos y ves cómo respira", me dijo un viejo amigo. "Y empiezas respirar al ritmo de ellas. Respiración sincopada. Y lo siguiente que sabes es que están en la cama".

¿Quién es la persona que hizo esta afirmación sobre lo que supuestamente dijo Tom sobre mirar a los ojos de una mujer y ver cómo respira y empiezas a respirar al ritmo de ellas, respiración sincopada y lo siguiente que sabes es que estarían en la cama? ¿Quién es esta persona? Stephenson no nombra a la persona y es más que probable que no sea más que otra mentira creada por Stephenson para hacer aparecer a mi padre bajo una mala luz. Esta afirmación de Stephenson no es más que otro rumor que añadir a las muchas afirmaciones falsas que ha hecho a lo largo de su difamatorio ensayo.

*Perfectamente Aburrido:* En su pequeña casa de la avenida MacArthur, Boring había construido una contracultura para él solo. Pintó el dormitorio principal de un rojo oscuro. El salón carecía en gran medida de muebles, mientras que el resto de la casa estaba llena de electrodomésticos rotos y trastos. Rara vez había comida en el frigorífico, y los armarios también estaban vacíos. Los visitantes de la casa recuerdan luces violáceas y el olor constante a incienso quemado.

*Perfectamente Aburrido:* Este periodo de la vida de Boring está conmemorado en la fotografía más impactante incluida en la seminal Guía de William Eggleston, la primera colección individual de fotografía en color publicada por el Museo de Arte Moderno.

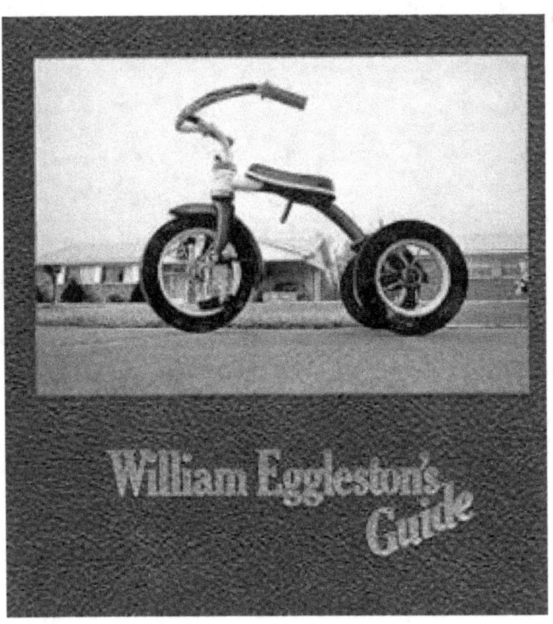


*Guía de William Eggleston*

*Perfectamente Aburrido:* Es una especie de retrato de Aburrido en su dormitorio, con la cama deshecha y un cigarrillo colgando de la cómoda. Una gran botella de oxígeno está apoyada en un rincón, y se distinguen algunas palabras garabateadas en negro en las paredes: TALLY HO! y MONA y DIOS. La foto destaca rotunda entre instantáneas de caminos de tierra y de la alta burguesía sureña: Boring de pie, desnudo y desconcertado en su habitación roja: el David de Miguel Ángel refundido en un sórdido monstruo ácido sureño.

El retrato que Stephenson no nombra y al que se refiere de forma difamatoria al llamar al Dr. T.C. Boring al David de Miguel Ángel refundido en un sórdido y sureño friki del ácido se llama (Sin título) T.C. Boring 1972.

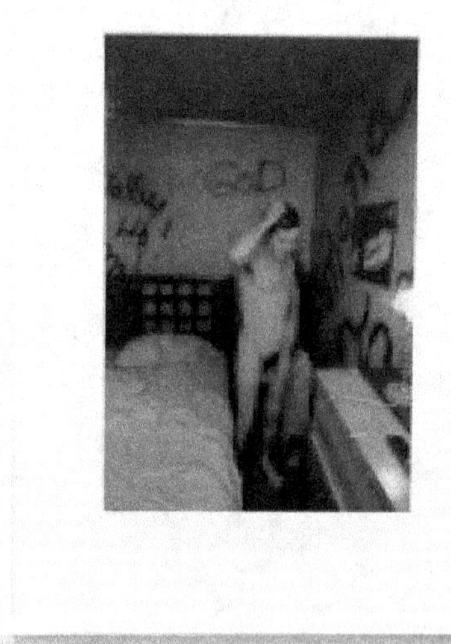

*(Sin título) T.C. Boring 1972*

El retrato de Tom de pie y desnudo en su dormitorio de MacArthur ha figurado en la primera exposición fotográfica de

William Eggleston titulada Photographs by William Eggleston que se celebró en el MoMA en 1976.

El Dr. T. C. Boring, una figura destacada en la obra de William Eggleston, posee una intrigante aura de enigma que ha cautivado al público durante décadas. Una pieza significativa que encierra este misterio es el retrato de Tom, (Sin título) T.C. Boring 1972, de pie y desnudo en su dormitorio del 508 de MacArthur, que se presentó en la primera exposición fotográfica de Eggleston en 1976 en el (MoMA) Museo de Arte Moderno.

Además, el retrato de Tom ha aparecido en numerosos libros de fotografía artística como William Eggleston's Guide, Chromes, For Now y Portraits. Cada publicación ofrece una perspectiva diferente de la obra de Eggleston y de su sujeto, lo que subraya aún más el impacto y la importancia del retrato del Dr. T.C. Boring dentro de la comunidad artística.

El retrato del Dr. T.C. Boring en su estado más vulnerable, captado por William Eggleston, es un testimonio del poder de la fotografía. Invita a los espectadores a reflexionar sobre la belleza que encierran los momentos crudos y sobre el valor de presentar la vida tal y como es, sin adornos.

Si bien es cierto que el arte es una interpretación personal, el enfoque difamatorio adoptado por Stephenson hacia el retrato del Dr. T.C. Boring es un exceso. El retrato sin nombre en cuestión, (Sin título) T.C. Boring 1972, es un retrato que refleja no sólo la visión de William Eggleston, sino también el zeitgeist de la época en que fue creado.

La audaz etiqueta de Stephenson de la obra de arte como un "Sórdido y ácido engendro sureño", y una desagradable refundición del David de Miguel Ángel, desestima la profunda narrativa y la diligencia artística que subyace a la creación de este retrato.

Es sabido que el arte, en sus múltiples formas, coquetea a menudo con la polémica, pero es importante distinguir entre la crítica constructiva y el comentario irrespetuoso. Como observadores, debemos recordar que cada obra de arte sirve de prisma a través del cual podemos vislumbrar la mente del artista, sus emociones y su interpretación del mundo. Encasillar negativamente (Sin título) T.C. Boring 1972 la confina dentro de la estrecha perspectiva de Stephenson en lugar de permitir que resuene libremente con su público.

La representación difamatoria de (Sin título) T.C. Boring 1972 por parte de Stephenson es una interpretación estrecha y poco caritativa de un retrato vibrante de significado e historia. El arte, después de todo, es una expresión de la condición humana, y (Sin título) T.C. Boring 1972 merece ser evaluada por sus propios méritos, al margen de comentarios tan corrosivos.

7

# CAPÍTULO 7

Mientras tanto, William Eggleston tiene dos afirmaciones diferentes con las que se lucra sobre dónde fue tomado por Eggleston el retrato de Tom Standing desnudo. Eggleston se ha lucrado con diferentes afirmaciones sobre dónde fue tomada esta fotografía. Esta vaguedad tiene implicaciones inquietantes para los compradores y coleccionistas de la obra de Eggleston, en particular para los que participan en el mercado de la "Asesinabilia", un sector nicho pero lucrativo en el mundo del arte.

Esto resulta muy inquietante, ya que los coleccionistas y compradores de Asesinabilia de Eggleston son engañados en relación con la fotografía artística de alto precio que adquieren en subastas celebradas en todo el mundo. Los coleccionistas y compradores de Asesinabilia están dispuestos a pagar precios elevados por estas piezas, a menudo vendidas en subastas de todo el mundo. Cuando se cuestiona o falsifica la autenticidad o la historia de fondo de estas piezas, no sólo se engaña a estos compradores, sino que también se socava la integridad del mundo del arte.

Este escenario pone de relieve la importancia de la transparencia y la veracidad en el arte. A medida que los compradores y coleccionistas siguen navegando por el reino de la Asesinabilia, en el que hay mucho en juego, deben permanecer vigilantes para garantizar la autenticidad de sus adquisiciones, contribuyendo así a preservar la integridad del mundo del arte.

La integridad de Eggleston queda muy mermada con su primera reivindicación en la National Portrait Gallery de Londres en 2016 con su retrato (Sin título) T.C. Boring 1972 con su reivindicación de que hizo el retrato del Dr. T.C. Boring de pie y desnudo en el número 103 de Virginia Street, donde el Dr. T.C. Boring fue asesinado, ya que se trata de una reivindicación falsa realizada por Eggleston con ánimo de lucro.

Eggleston se las ha arreglado a lo largo de los años para fabricar el asesinato sin resolver del Dr. Boring con dos afirmaciones diferentes sobre dónde fue asesinado. Las dos afirmaciones diferentes se hicieron con dos años de diferencia una de otra con su fotografía del Dr. T.C. Boring llamada (Sin título) T.C. Boring 1972.

Puede escuchar al conservador Phillip Prodger de la National Portrait Gallery de Londres hacer la primera afirmación sobre el lugar donde fue asesinado el Dr. T.C. Boring donde Eggleston hizo el retrato (Sin título) T.C. Boring 1972 dentro de un vídeo llamado Curators Mini Tour.

La primera afirmación falsa sobre el asesinato sin resolver del Dr. T.C. Boring se hizo en 2016 mientras Eggleston celebraba su exposición Retratos del 21 de julio al 23 de octubre en la National Portrait Gallery de Londres. Con la exposición también se incluyó un libro de fotografías titulado William Eggleston Portraits. William Eggleston Portraits fue escrito por Phillip Prodger y cuenta con una apreciación de Sophia Coppola.

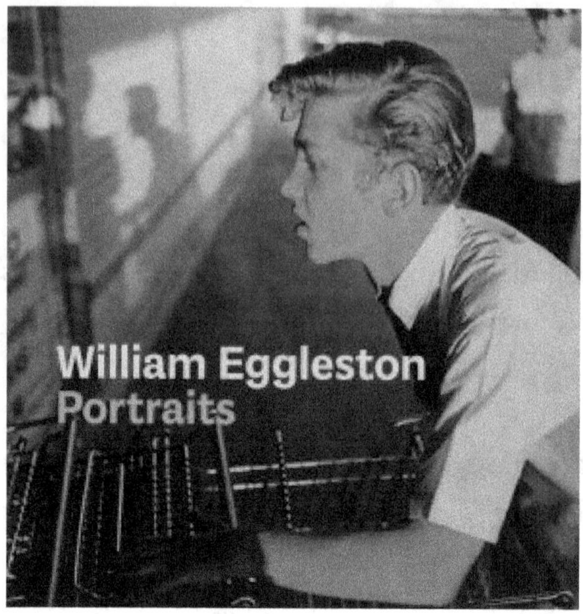


Retratos de William Eggleston

Phillip Prodger era en el momento de la publicación del libro conservador y jefe de fotografías de la National Portrait Gallery de Londres. Prodger hizo verbalmente las falsas afirmaciones sobre el asesinato sin resolver del Dr. T.C. Boring que se pueden escuchar en un mini tour del conservador en la National Portrait Gallery de Londres que estaba afiliado a la exposición Retratos de William Eggleston.

El 5 de agosto de 2016 Prodger hizo la falsa afirmación sobre la vida y el asesinato sin resolver de Tom en la National Portrait gallery cuando afirmó que el Dr. T.C. Boring fue asesinado donde William Eggleston tomó su fotografía de Boring de pie y desnudo llamada (Sin título) T.C. Boring 1972.

La minigira del comisario Phillip Prodger desinformó a los espectadores de la misma en lo que respecta al asesinato sin resolver del Dr. T.C. Boring y en cuanto a cuándo y dónde fue tomada la fotografía por William.

Esto es lo que dijo Phillip sobre la exposición y el asesinato sin resolver de Tom: "La exposición combina algunas impresiones realmente maravillosas de algunas de las imágenes más famosas que Eggleston ha realizado". "Con algunas obras que nunca se han visto antes".

"Este es un gran ejemplo". Luego señala con la mano izquierda una foto de Tom tomada por William titulada "(Sin título) T.C. Boring 1972". Luego afirma: "Esta fotografía roja es una fotografía muy conocida de T.C. Boring". "Uno de los amigos de Eggleston y dentista de su ciudad natal".

Permítanme detenerme aquí un momento y aclarar cualquier información errónea que Phillip acaba de hacer sobre dónde nació William. William se crió en Sumner, Mississippi, y en Memphis, Tennessee, y nació en Memphis. William no se crió en Greenwood como afirma Phillip.

A continuación, Phillip afirma: "Al lado, en verde, hay una fotografía Polaroid que nos llega ahora de la colección del primo del artista". "Creo que en cierto modo muestra al modelo tal y como era conocido en el mundo exterior". "T.C. Boring era un hombre muy excéntrico". "Era nudista en su propia casa". "No salía desnudo en público, pero cuando estaba en casa no llevaba vestido, como se puede ver en esta fotografía".

A continuación, Prodger le muestra la foto que William le hizo a Tom, titulada "(Sin título) T.C. Boring, 1972", mientras afirma más cosas falsas sobre la vida del Dr. T.C. Boring. "Y decoraba su casa de forma extraordinaria, pintando con spray las palabras 'Dios', 'Talley Ho' y el nombre 'Mona' en la pared". "Todo eso lo hizo él y creó estas habitaciones de colores en su casa". "Así que tenía una habitación roja". "Es exactamente la misma habitación roja que aparecía en la famosa fotografía del techo con la bombilla desnuda".

'El Techo Rojo' de Eggleston fue tomada allí". "Bueno, así es como Eggleston lo vio en la mayoría de las ocasiones, pero en esta fotografía Polaroid le vemos de una forma que él hubiera preferido que le vieran". "Mientras cultiva su jardín está muy conectado con la naturaleza". A continuación puede ver la foto Polaroid de Tom a la que se refiere Prodger y que fue tomada por Maude Schulyer Clay.

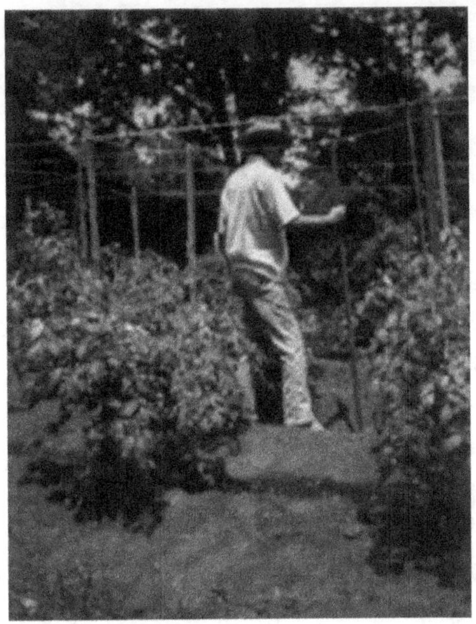

(Sin título) c. 1970 T.C. Boring en Greenwood,
Mississippi por William Eggleston. Colección
de Maude Schuyler Clay @ Eggleston Artistic
Trust

Entonces Phillip comienza a exponer su afirmación y la de
Eggleston sobre cómo fue asesinado Tom diciendo: "Resulta
que, desgraciadamente, la fotografía en rojo era la que se
convertiría en su epitafio, porque Boring fue finalmente
asesinado en un crimen sin resolver".

La fotografía en rojo a la que se refiere Prodger es (Sin título)
T.C. Boring 1972. Prodger continuó afirmando: "A día de hoy
desconocemos las circunstancias en las que murió; lo único que
sabemos es que fue asesinado a hachazos por algún asaltante y
que después su cuerpo fue quemado en la casa en la que vivía".

"Así que no sólo T.C. Boring ya no está con nosotros, sino que la casa representada en esta escena ha sido destruida".

La afirmación de Phillip sobre el asesinato sin resolver de Tom es falsa. La casa en la que fue tomada esta fotografía por William sigue en pie a día de hoy porque la fotografía fue tomada en el 508 de MacArthur y no en el 103 de la calle Virginia donde fue asesinado el Dr. T.C. Boring.

Así como el comentario de Phillip anterior sobre que Tom fue asesinado con un hacha en la cabeza. Esta afirmación podría ser mentira o podría ser cierta. Es difícil de decir porque William Eggleston tiene la mencionada arma homicida de la que se ha estado lucrando y que según él asesinó al Dr. T.C. Boring y Eggleston aún no ha sido acusado de cómplice después de los hechos ni declarado culpable de estar en posesión del arma homicida que según él para lucrarse asesinó al Dr. T.C. Boring.

La fotografía que Eggleston tomó del arma homicida que afirma que asesinó al Dr. T.C. Boring se llama (Sin título) cerca del río en Greenville Mississippi c. 1983-1986.

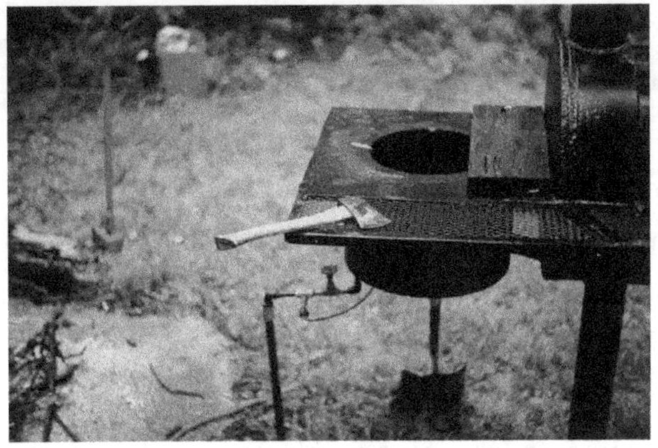

*(Sin título) cerca del río en Greenville Mississippi ca.*
*1983-1986*

Los coleccionistas y compradores de Asesinabilia están dispuestos a pagar precios elevados por estas piezas, que a menudo se venden en subastas de todo el mundo. Cuando se cuestiona o falsifica la autenticidad del trasfondo de estas piezas, no sólo se engaña a estos compradores, sino que también se socava la integridad del mundo del arte.

Este escenario pone de relieve la importancia de la transparencia y la veracidad en el arte. Eggleston subraya una cuestión crítica en el mundo de la fotografía artística y es la importancia de la autenticidad. A medida que los compradores y coleccionistas continúan navegando por el reino de alto riesgo de la Asesinabilia deben permanecer diligentes para asegurar la autenticidad de sus acusaciones, ayudando a preservar la integridad del mundo del arte.

William Eggleston no tiene pruebas que respalden su afirmación de que Tom fue asesinado con un hacha en la cabeza, ni tampoco tiene pruebas de que La fotografía del Techo Rojo formalmente conocida como (Sin título) Greenwood, Mississippi 1973 y (Sin título) T.C. Boring 1972 fueran tomadas por Eggleston en el 103 de la calle Virginia en Greenwood Mississippi.

Las numerosas afirmaciones falsas sobre Tom y su asesinato sin resolver son mentiras vendidas por William Eggleston y los medios de comunicación social. Estas mentiras a la venta se han hablado en numerosas ocasiones dentro de la comunidad de la fotografía de bellas artes y en todo el mundo durante décadas y tengo la intención de detener finalmente estas mentiras mediante la presentación de una Demanda del Hijo de Sam contra cualquier persona involucrada en lucrarse de la vida de mi padre y su asesinato sin resolver con la Asesinabilia de William Eggleston.

Las terribles circunstancias que rodearon el asesinato sin resolver de mi padre proyectan una sombra que nos ha perseguido a mí y a mi familia durante los últimos 40 años. La fuente principal de nuestro tormento perdurable es un malestar colectivo compartido por mi familia, no es ni el misterio persistente ni el autor ni la naturaleza escalofriante del crimen en sí. Por el contrario, es la incalificable explotación del asesinato de mi padre por parte de William Eggleston, los miembros de su familia y Maude Schulyer Clay para sus propios beneficios pecuniarios.

Su desgarradora aventura en la Asesinabilia es una manifestación morbosa de su codicia. Pensar que estos individuos podrían reducir la profunda pérdida de vidas humanas a mera fotografía artística y en las películas de Eggleston es tan insondable como repugnante.

8

# CAPÍTULO 8

---

*Perfectamente Aburrido:* La casa de la avenida MacArthur no era la de "El techo rojo". Justo antes del amanecer de una mañana de enero de 1970, la policía de Greenwood llamó a la puerta de Boring y anunció que tenía una orden de registro. La casa del 508 de MacArthur es donde Eggleston tomó la fotografía de "El techo rojo". Mientras tanto, Eggleston y los miembros de su familia utilizan la fotografía de El Techo Rojo para sacar provecho del asesinato sin resolver de mi padre con su Murderabilia.

La casa del Dr. Boring en el 508 de MacArthur fue allanada el 31 de enero de 1970 y en algún momento antes o después del allanamiento Eggleston tomó la fotografía (Sin título)

Greenwood Mississippi 1973 conocida informalmente como El Techo Rojo.

89

A continuación se muestra el recorte de periódico relativo a la redada titulado "La paciencia y el trabajo duro dan sus frutos".

# Narcotic Agents, Police Confiscate Marijuana In Pre-Dawn Raid

Los agentes de estupefacientes y la policía confiscan marihuana en una redada antes del amanecer del artículo de periódico Patience, Hard Work Pay Off del Greenwood Commonwealth en Mississippi.

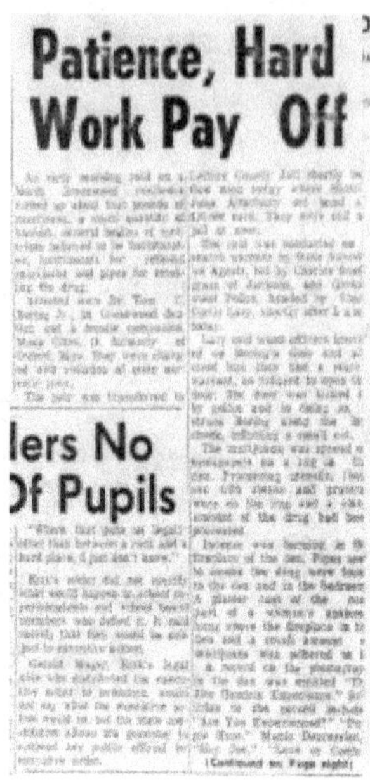

La paciencia y el trabajo duro
dan sus frutos en la
mancomunidad de
Greenwood, Mississippi

Los comentarios del periódico sobre la redada en casa de Tom son los siguientes: "Había incienso ardiendo en la chimenea del estudio. Se encontraron pipas utilizadas para fumar la droga en el estudio y en el dormitorio. Un molde de escayola de la parte posterior de la anatomía de una mujer colgaba sobre la chimenea del estudio y tenía adherida una pequeña cantidad de marihuana."

"Un disco en el fonógrafo del estudio se titulaba 'The Jimi Hendrix Experience'. Los subtítulos del disco incluían '¿Tienes experiencia? 'Purple Haze' 'Manic Depression " Hey Joe' 'Love or Confusion' 'May this be love' y 'I don't live today'." "Había fluorescentes morados esparcidos por el estudio, junto con cuadros hippies en las paredes".

"El dormitorio principal tenía las paredes y el techo pintados de un (color) púrpura rojizo. Luces moradas adornaban la habitación y había expresiones hippies pintadas en las paredes y el techo. Una cama king-size cubría gran parte de la habitación y una bombona que se creía contenía oxígeno ocupaba una esquina". "Tubos y una mascarilla estaban conectados a la bombona. Otro dormitorio contenía una pequeña cantidad de muebles mientras que en otro había partes rotas de muebles. Un tercero sólo contenía trastos. La sala de estar estaba casi desprovista de muebles y el estudio y la cocina mostraban indicios de ser el lugar donde los ocupantes pasaban la mayor parte del tiempo".

Los muebles y objetos de la fotografía (Sin título) T.C. Boring 1972 se mencionan en el artículo de periódico Patience, Hard Work Pay Off y se correlacionan con cuándo y dónde se tomaron las fotografías The Red Ceiling y (Untitled) T.C. Boring 1972.

En un párrafo hacia el final del artículo se lee: "El dormitorio principal estaba pintado por paredes y techo de un púrpura rojizo. Luces moradas (luces negras) adornaban la habitación y había expresiones hippies pintadas en las paredes y el techo".

Se ven las palabras "Mona", "Talley ho", "Dios" y "Walker", y también se ve una extraña cara negra pintada con spray en la pared del dormitorio de Tom. También se ve una cama tamaño king de la que se habla en el artículo diciendo: "Una cama tamaño king cubría gran parte de la habitación". Esta cama puede verse en (Sin título) T.C. Boring 1972 y la esquina de la cama puede verse en la foto de Eggleston del dormitorio de Tom llamada (Sin título) La habitación roja c. 1970-1973.

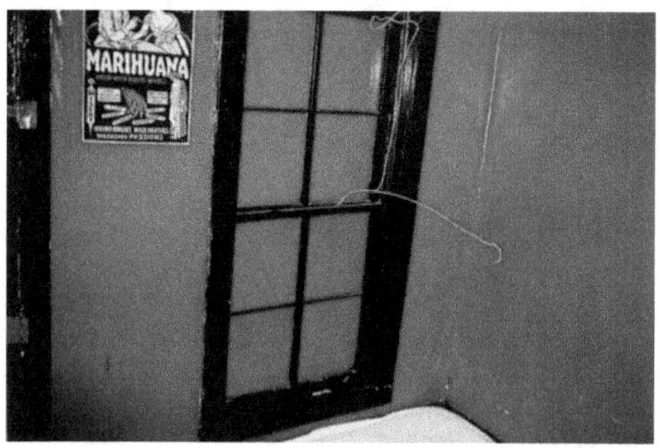


*(Sin título) La habitación roja c. 1970-1973*

También se ve un cilindro, tubos y una máscara que se parece a la que se habla en este artículo en este comentario. Estos hallazgos sugieren definitivamente que la foto fue tomada en algún momento antes de 1971. Sospecho que tanto El techo rojo como (Sin título) T.C. Boring 1972 fueron tomadas en algún momento antes de marzo de 1971 porque fue entonces cuando el Dr. Boring y su segunda esposa, mi madre, vendieron su casa.

También hay otra fotografía artística que fue tomada por William Eggleston en el 508 de MacArthur en Greenwood Mississippi. La fotografía es la de un tanque de óxido nitroso que se ha visto en la fotografía llamada (Sin título) T.C. Boring 1972. A continuación puede ver la fotografía.

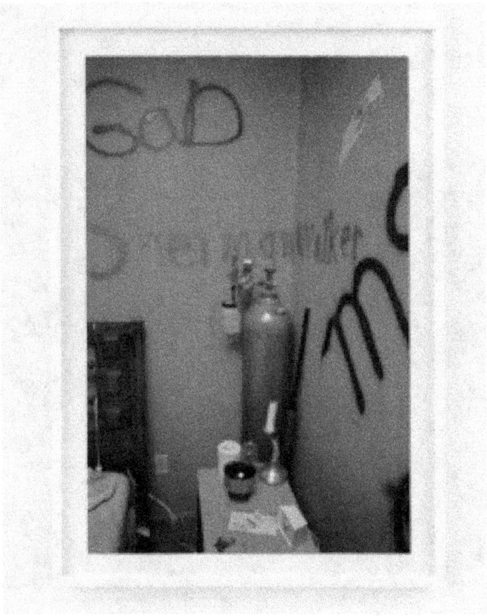

*Fotografía de William Eggleston*

Esta fotografía del tanque de óxido nitroso que había en el dormitorio de mi padre puede verse en un libro publicado por David Zwirner titulado William Eggleston: The Outlands: Selected Works. Los autores del libro son Rachel Kushner, Robert Slifkin y William Eggleston 3rd.

*Perfectamente Aburrido:* Pensó que era mejor no contestar, por lo que los agentes derribaron la puerta de una patada, tirándole al suelo. En la guarida, encontraron cuatro libras de marihuana dispuestas ordenadamente sobre la alfombra, junto con los materiales necesarios para procesarla.

Una fotografía de la marihuana que la policía confiscó tras la redada en casa de mi padre apareció en el periódico Greenwood Commonwealth Newspaper.

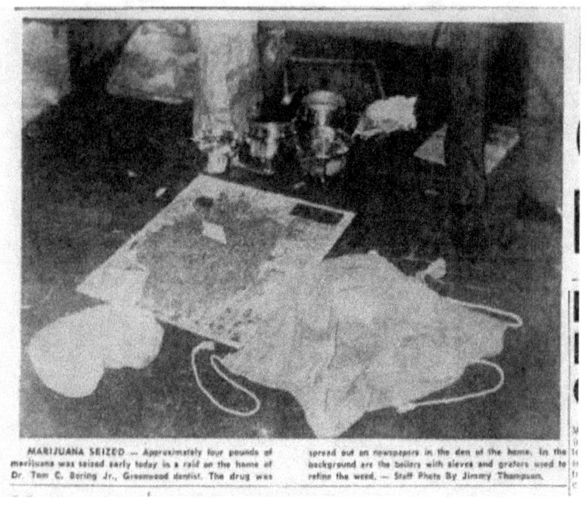


*Foto tomada de la Mancomunidad de Greenwood en Mississippi que muestra cuatro libras de marihuana*

*Perfectamente Aburrido:* Boring y Mona fueron detenidos y encarcelados. El relato de la redada en el periódico local parece antropología sensacionalista: el prominente dentista, la inocente adolescente y sus escabrosos, guarida hippie de drogas.

El recorte de periódico no decía nada sobre 'el prominente dentista', 'la inocente adolescente' y 'su escabrosa guarida de drogas hippie'. Como pudo ver en el recorte del artículo periodístico que compartí antes.

*Perfectamente Aburrido:* "Un molde de escayola de la parte posterior de la anatomía de una mujer colgaba sobre la chimenea del estudio", informa el artículo. "Un disco en el fonógrafo se titulaba The Jimi Hendrix Experience". Se tiene la sensación de que ha sido un triunfo para el bienestar de la ciudad. "Llevamos mucho tiempo trabajando en esto", declaró al periódico el jefe de policía de Greenwood, Curtis Lary, "y la paciencia y el trabajo duro por fin han dado sus frutos".

*Perfectamente Aburrido:* Boring fue despojado de su licencia dental. "No puedo encontrar ninguna simpatía por usted", le dijo el juez en el tribunal, "un hombre profesional que se involucraría en la marihuana".

Es innegable que la vida del Dr. T.C. Boring estuvo llena de intrigas, aventuras y, sí, cierta dosis de controversia. Sin embargo, es totalmente injusto pintar toda su existencia con un pincel impregnado de escándalo, como ha decidido hacer Stephenson. El retrato del Dr. T. C. Boring únicamente como un hombre despojado de su licencia, presentado sin un contexto completo, no sólo es engañoso, sino que se aventura en el terreno de la retórica difamatoria.

mudarse de su casa que una vez estuvo situada en el 508 de MacArthur. Esto es un hecho. Mi padre se casó con mi madre antes de mudarse del 508 de MacArthur. Después de casarse mi padre vendió su casa en el 508 de MacArthur y luego se mudó a una casa que estaba situada justo detrás de la casa de mi abuelo que estaba en el 300 de la calle West Claiborne. Esto también es un hecho.

Las mentiras en torno a la vida de mi padre parecen no tener fin. Las afirmaciones de Stephenson corren el riesgo de perpetuar estereotipos nocivos y desinformación. Es crucial recordar que la reputación de una persona no debe verse empañada por afirmaciones sin fundamento o habladurías. Stephenson no tiene nada que respalde sus afirmaciones sobre la vida de mi padre con mi madre. Cuando yo, por el contrario, tengo de sobra para respaldar mis afirmaciones.

*Perfectamente Aburrido:* Pero Boring no se sentía diferente. En todo caso, se sentía aún más liberado que antes. Se encargó de volver a pintar la nueva casa. Para instalarse de verdad y hacer suyo el lugar. Pintó una habitación de un azul sólido y otra, en lo que se convertiría en su legado histórico-artístico accidental, la pintó de rojo.

Mi padre nunca pintó de rojo las paredes de su casa de la calle Virginia 103. La tercera esposa de mi padre me lo afirmó porque residió con él poco después de que se mudara a su casa del número 103 de la calle Virginia y me recordó que no recuerda haber visto paredes rojas en su casa del número 103 de la calle Virginia, pero no fue la única que me comentó esta afirmación.

Mi hermana Gwen, que es mi hermanastra emparentada con mi padre, también me dijo que nunca vio una habitación pintada de rojo en la casa de mi padre en el número 103 de la calle Virginia. Así que tengo testigos que afirman que nunca hubo habitaciones rojas en la casa de mi padre en el número 103 de la calle Virginia. ¿Qué testigos creíbles tienen Stephenson y William Eggleston? No tienen ninguno, eso es lo que tienen.

*Perfectamente Aburrido:* Justo cuando la vida de Boring se vio sumida en el caos, la carrera de Eggleston comenzó su rápido ascenso. Ya se ha señalado antes su capacidad de recuperación: su extraña habilidad para sobrevivir a los límites más extremos del libertinaje. En palabras de Winston, la mayoría del círculo de su padre acabó pagando por su estilo de vida. "Excepto mi padre", dijo. "Tiene una constitución demente".

Bueno no es especial. Winston Eggleston afirma que su padre que vende Asesinabilia y fabrica la vida de mi padre y el asesinato sin resolver con Asesinabilia y que también es sospechoso con el asesinato sin resolver de mi padre porque recibió el arma homicida de un tercero ha afirmado que la mayoría del círculo de su padre pagó por sus estilos de vida al final. Así que esencialmente Winston está afirmando que mi padre pagó por su estilo de vida y por eso fue asesinado.

El hecho es que Eggleston y su familia están en posesión del arma homicida con la que, según afirman con ánimo de lucro, asesinaron a mi padre y es muy posible que Eggleston Jr. esté detrás de la prematura muerte de mi padre. Así que, naturalmente, uno se daría cuenta de que la afirmación de Winston de que mi padre pagó por su vida debido a su estilo de vida es mentira. Mentiras a la venta con Asesinabilia de William Eggleston.

*Perfectamente Aburrido:* Si Eggleston admiraba y estetizaba el contraste entre la dignidad sureña y la decadencia, Boring lo encarnaba. Más que ninguna otra cosa, Boring se había convertido en la musa de Eggleston. Tav Falco, el primer ayudante de Eggleston en el cuarto oscuro (y más tarde líder del grupo de art-rock de Memphis Panther Burns), describe las figuras por las que se sentía atraído su antiguo mentor como "personalidades de enormes dimensiones, consumidas por su época -transitorias, mordaces y totalmente condenadas".

9

# CAPÍTULO 9

———

*Perfectamente Aburrido:* Eggleston empezó a dividir su tiempo entre Memphis y Nueva York. Salió con la actriz de Warhol Viva, que más tarde le llamó, no sin afecto, "una exageración de lo peor de cada hombre". Cuando estaba en la ciudad, se alojaba en la habitación de ella en el Hotel Chelsea – la habitación 714, fácil de recordar, ya que era el mismo número estampado en las pastillas de quaalude que circulaban entonces. En 1974, le invitaron a dar clases en Harvard, un puesto que perdió, según Walter Hopps, tras atacar a un profesor alemán con un cuchillo de mantequilla, en un ataque de paranoia inducido por las drogas. Pero la mala suerte no duró. Ganó una beca del Fondo Nacional de las Artes y consiguió encargos de Rolling Stone.

Vaya, Eggleston Jr. atacó a un profesor alemán con un cuchillo de mantequilla, en un ataque de paranoia inducida por las drogas. Atacar a cualquiera con cualquier tipo de arma, especialmente con un cuchillo de mantequilla, exhibe el lado oscuro de William Eggleston. Además, el hecho de que Eggleston atacará al profesor alemán en un ataque de paranoia inducida por las drogas con un cuchillo de mantequilla revela una faceta más oscura del carácter de William Eggleston. Uno sólo puede imaginar de qué más es capaz cuando se trata de agredir o incluso asesinar.

*Perfectamente Aburrido:* En 1976, el Museo de Arte Moderno inauguró una exposición individual de su obra, un honor sin precedentes para un fotógrafo en color. Así fue como la casa, el estilo de vida y el cuerpo de Tom Boring se expusieron en las paredes de la principal institución de arte contemporáneo del país: objetos para ser interpretados o criticados, avatares del exotismo del Sur Profundo. En las fotos de la inauguración, Eggleston aparece desinteresado, fumando mucho y fluyendo entre la multitud como si apenas se diera cuenta. En sus memorias, Hopps recuerda que Eggleston tuvo que dar una conferencia poco después. Se puso de pie ante el atril y repasó sus diapositivas una a una, sin decir ni una palabra.

*Perfectamente Aburrido:* La exposición se convirtió en el acontecimiento más discutido del año en el mundo de la fotografía, aunque las opiniones estaban marcadamente divididas. John Szarkowski, el comisario, escribió un arrebatador homenaje a estas "fotos de tías y primos y amigos, de casas del barrio y de barrios vecinos", que aparecían "como podrían aparecer en un diario, donde los significados importantes no serían públicos y generales, sino privados y esotéricos". Lo más polémico es que escribió: "Como cuadros, sin embargo, me parecen perfectos". En una cacerolada notoria para el New York Times, Hilton Kramer discrepa de esta última afirmación. "¿Perfectas?", escribió. "Perfectamente banales, quizá. Perfectamente aburrido".

*Perfectamente Aburrido:* El propio Boring no podía estar menos interesado en su recién descubierta notoriedad en el mundo del arte. No le atraía en absoluto este aspecto de la vida de Eggleston. Cuando le presentaron a Leo Castelli, entonces el marchante de arte más destacado del país -responsable del lanzamiento de las carreras de Jasper Johns, Robert Rauschenberg, Frank Stella y muchos otros-, Boring le dijo: "Encantado de conocerte, Leo, ¿y tú a qué te dedicas?"

*Perfectamente Aburrido:* Tenía preocupaciones más inmediatas. Habiéndose desintegrado su segundo matrimonio, con Brenda, había pasado a un tercero. (Su hija sería criada por Brenda y su nuevo marido).

*Perfectamente Aburrido:* Había recuperado su licencia para ejercer la odontología, pero había optado por cerrar su consulta del centro y atender a los pacientes sólo en su casa.

Esto es mentira porque Tom recuperó su licencia antes de que él y su segunda esposa, Brenda se divorciaron. La audiencia con la junta de examinadores dentales para restituir la licencia al Dr. T.C. Boring se celebró en Jackson, Mississippi, y se habló de ella en el periódico local y fue como sigue.

El 9 de septiembre de 1974 "El tribunal ordena a la junta que restituya al Dr. Boring, Jackson, Mississippi, (UPI)- El Tribunal Supremo de Mississippi ordenó hoy a la junta estatal de examinadores dentales que restituya la licencia a un dentista de Greenwood condenado por posesión de marihuana. "El tribunal, en una opinión del juez presidente Henry L. Rogers, dijo que la ley estatal establece que 'no se tomará ninguna medida para revocar la licencia hasta que se haya proporcionado al acusado una declaración de los cargos que se le imputan.

"'El expediente refleja que los únicos documentos presentados ante la junta dental fueron una copia de la acusación contra el acusado Boring, una copia de las actas del tribunal de circuito con referencia a su sentencia en el tribunal de primera instancia y una copia de la notificación de audiencia entregada al acusado', decía la opinión.

"El tribunal también señaló que Boring fue sentenciado de nuevo por un delito menor y no por un delito grave. "El tribunal dijo que Boring fue condenado en el Tribunal de

Circuito del Condado de Leflore por poseer cuatro libras de marihuana y el Tribunal Supremo confirmó la condena y la pena de prisión en septiembre de 1971.

"El tribunal de circuito ordenó que Boring volviera a ser condenado en 1972 en virtud de las disposiciones de una nueva ley estatal que convertía la posesión de sustancias controladas en un delito menor en lugar de un delito grave.

"Sin embargo, la junta de examinadores dentales celebró una vista en enero de 1971 y revocó la licencia de Boring. "Boring apeló la acción ante el tribunal de cancillería del condado de Leflore, argumentando que la junta no podía revocar su licencia según la ley estatal a menos que se le declarara culpable de un "delito infame". Señaló que había sido condenado de nuevo por un delito menor y no por un delito grave y que esto no constituía un delito infame.

"El tribunal de cancillería rechazó la apelación y confirmó la acción de la junta dental. "Sin embargo, el tribunal supremo dictaminó que, dado que el tribunal de circuito había reducido la pena a un delito menor de acuerdo con la ley estatal.

El canciller debería haber ordenado a la Junta de Examinadores Dentales de Mississippi que restituyera la licencia del Dr. Boring para ejercer la odontología". "El tribunal anuló la orden de la junta, revocó el decreto del tribunal de cancillería y ordenó que Boring volviera a ejercer". Tras una larga batalla en los tribunales, finalmente Tom volvió a obtener la licencia para ejercer la odontología. La lucha de Tom por recuperar su licencia de odontólogo tuvo lugar mucho antes de que él y Brenda se divorciaron.

*Perfectamente Aburrido:* Su consulta atendía exclusivamente a la población negra de bajos ingresos de Greenwood, lo que algunos atribuyeron a su progresismo y otros a un enrevesado esquema que implicaba la financiación de Medicaid.

¿Dónde está la prueba de que mi padre estuviera involucrado en un esquema que implicara la financiación de Medicaid? No hay ninguna prueba. Una vez más, Stephenson intenta retratar a mi padre de forma negativa. Su afirmación de que mi padre estuvo involucrado en un esquema que implicaba financiación de Medicaid es, en el mejor de los casos, de oídas y también difamatoria.

*Perfectamente Aburrido:* Al principio de su tercer matrimonio, había reducido su consumo de alcohol y su búsqueda general del olvido, pero el respiro duró poco. Falco recuerda que una tarde visitó Boring con Eggleston y le encontró en el porche con "una lata de cerveza en calzoncillos". Su impresión fue la de una persona "moviéndose por etapas avanzadas de alegre y siniestra psicodelia tan exaltada que sabías que algo o alguien iba a apagar". Boring empezó a pasar sus noches en los clubes negros de Greenwood, burlándose abiertamente de la todavía vigente segregación cultural del Delta segregación.

*Perfectamente Aburrido:* Estas salidas no siempre acaban bien. "Tom iba tan lejos que no sabía cuándo parar", dijo Allen Wood. Boring atraía a menudo la atención de la policía, y más de una vez acabó la noche expulsado de un club de por vida.

En el intrigante mundo de las anécdotas, los relatos de amistades y los misterios aparentemente inexplicables, la historia del Dr. T.C. Boring, un hombre de ciencia y razón, fue la de un individuo que construye relaciones basadas en la confianza y la camaradería intelectual. Sin embargo, cuando el nombre de Allen Wood entra en escena, las cosas se vuelven un poco menos claras.

¿Quién es Allen Wood? La historia de la amistad de Alan Wood con el Dr. T.C. Boring está envuelta en la incertidumbre. A pesar de extensas investigaciones, conversaciones con conocidos y profundas inmersiones en los archivos de los periódicos locales, Allen Wood sigue siendo un enigma.

¿Fue una ingeniosa invención o simplemente una figura incomprendida perdida en los anales del tiempo? El misterio de Alan Wood es un testimonio de las complejidades de las relaciones humanas y de la memoria. A falta de pruebas concretas, todo lo que tenemos son conjeturas y teorías. Sin embargo, la búsqueda de Allen Wood continúa. Puede que nunca sepamos toda la verdad sobre Allen Wood.

*Perfectamente Aburrido:* Tras su tercer y último divorcio en 1978, la casa de Boring adquirió la atmósfera de un carnaval de veinticuatro horas. Adolescentes drogados en su piscina, peleas que se extendían por las calles, un aire constante de depravación orgiástica.

El antiguo domicilio de Tom en el número 103 de la calle Virginia, a pesar de su encanto y sus cómodas instalaciones, carecía de una característica que sí poseía su anterior casa en MacArthur: una piscina. Esto es un hecho.

*Perfectamente Aburrido:* El vecindario estaba escandalizado por los rumores de bisexualidad y mestizaje. Mientras tanto, Boring parecía ir a la deriva. Incluso su carpincho mascota le había abandonado, escapando durante uno de sus paseos y zambulléndose en el río, remando lejos para no volver jamás. Tom nunca tuvo un carpincho. Es como una mentira tras otra en el ensayo de Stephenson sobre la vida y el asesinato sin resolver del Dr. T.C. Boring.

*Perfectamente Aburrido:* "Se estaba desintegrando mental y físicamente", recordaba un amigo cercano. Sus conversaciones empezaron a moverse en diagonal, por derroteros serpenteantes imposibles de seguir. Arrastraba las palabras. Su sonrisa, que siempre había sido enigmática, adquirió una cualidad más cercana a lo grotesco.

Las afirmaciones de Stephenson sobre el aspecto de Tom

son difamatorias. Sus intentos de hacer que mi padre parezca un drogadicto son interminables dentro de este ensayo. Crean una narrativa que deforma las percepciones de la gente, proyectando sombras donde no las hay. La narrativa construida por Stephenson se basa en la observación de su sujeto y en sus prejuicios personales, lo que puede sesgar la realidad real.

Es crucial explorar otras perspectivas, para descubrir una visión más objetiva y equilibrada de Tom sin la influencia de las afirmaciones potencialmente falsas y difamatorias de Stephenson.

Sin embargo, también es igualmente importante recordar que afirmaciones como éstas no sólo son perjudiciales a nivel personal. Contribuyen a crear un clima de desconfianza y sospecha, en el que las palabras y acciones de la gente se tergiversan y malinterpretan.

Las afirmaciones de Stephenson sobre mi padre son innegablemente inquietantes, es fundamental cuestionar su validez. Debemos cuestionar estas afirmaciones potencialmente difamatorias, buscando la verdad y la justicia en lugar de aceptar falsas narrativas.

10

# CAPÍTULO 10

---

*Perfectamente Aburrido:* Una noche, hace más o menos un año, en una fiesta en Manhattan -en la que había pasado la mayor parte de la noche dando vueltas torpemente por la sala y mirando las estanterías- me presentaron a un productor de cine llamado Caldecott "Cotty" Chubb.

Caldecott "Cotty" Chubb es un productor de cine estadounidense que ha producido películas como Eve's Bayou, Hoffa, Unthinkable, The Crow, Dark Blue y Stranded in Canton de William Eggleston que fue publicada en 2005 por Twin Palms de Nuevo México. Cotty Chubb nació en Nueva York y ha vivido en Nueva Jersey.

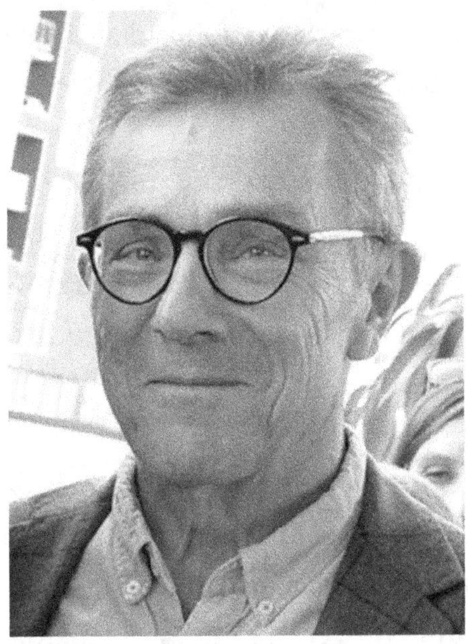

TORONTO, ONTARIO – 09 DE
SEPTIEMBRE: *Doug Stone (L) y Caldecott
"Cotty" Chubb asisten a la recepción de We
Are UK Film en el TIFF 2019 en The Spoke
Club el 09 de septiembre de 2019 en Toronto,
Canadá. (Foto de Andrew Toth/Getty
Images para la British Film Commission)*

*Perfectamente Aburrido:* Uno de los amigos y socios más antiguos de Eggleston, Chubb se describió a sí mismo como el mánager del fotógrafo durante muchos años, ya que el difunto marchante Harry Lunn le había confiado esta tarea. Le pregunté por T. C. Boring, se rió y me dio su tarjeta de visita. Hablemos alguna vez, me dijo, y le prometí que le llamaría. Procedí a perder la tarjeta inmediatamente y sólo recientemente la descubrí, por accidente, metida entre las páginas de la Guía.

*Perfectamente Aburrido:* "Vi fotos suyas antes de conocerle", me dijo Chubb de Eggleston, cuando por fin volvimos a conectar. Esto fue antes de la exposición del MoMA, antes de que fuera una persona conocida en la ciudad. Chubb había visto las fotografías en el apartamento del Upper East Side de la novia del escritor Noel Parmentel, donde Eggleston, por alguna razón, había dejado unas ochocientas fotografías en una maleta de aluminio guardada en el armario. Un grupo de amigos se sentó en el suelo y organizó una exposición improvisada. "Cambió mi forma de ver el mundo", recuerda Chubb. "¿Las fotografías pueden tener este aspecto?".

En una fotografía se ve a William y Cotty asistiendo a un evento con Dennis Hopper de pie a la derecha en la foto.

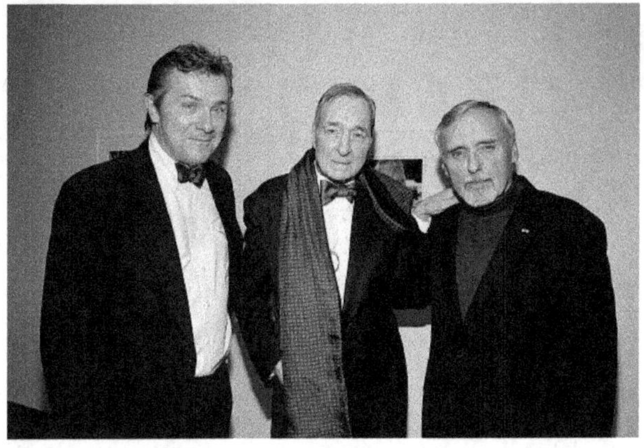

*NEW YORK CITY, NY – NOVEMBER 5: (L-R) Cotty Chubb, William Eggleston and Dennis Hopper attend THE WHITNEY Celebrates The Opening Of "WILLIAM EGGLESTON: DEMOCRATIC CAMERA" at THE WHITNEY MUSEUM on November 5, 2008 in New York City. (Photo by PATRICK MCMULLAN/Patrick McMullan via Getty Images)*

*Perfectamente Aburrido:* Él y Eggleston se hicieron íntimos y hacían frecuentes viajes juntos al Delta. Esto fue durante el periodo de disipación de Boring.

Se trata de una afirmación de oídas sobre la disipación de mi padre a los cuarenta años hasta su asesinato. ¡Las habladurías a lo largo de este ensayo son asombrosas!

*Perfectamente Aburrido:* Chubb recordó que una vez, en Greenwood, vio a Boring encontrarse con la niñera de su infancia, que estaba tan desconsolada por su estado de embriaguez que se quitó el zapato y le golpeó con él en la cabeza repetidamente. "Le dejó noqueado", dijo. Un año, Chubb invitó a los dos hombres a cenar el Día de Acción de Gracias en Nueva Jersey, donde lo que él llama su "anticuada familia WASP" vivía en una granja. "Pensé que sería divertido, y lo fue", dijo. Llegaron drogados con quaaludes o Percocets -no recuerda cuál- y no tocaron la comida. Los padres de Chubb intentaron entablar conversación con ellos. Su madre le habló a Eggleston de los ciervos que se habían convertido en plagas, comiéndose los arbustos de tejo de su jardín delantero. Eggleston, tratando de ser servicial, le dijo: "¿Por qué no coges una 45 y les disparas en la cabeza?". Ella se negó cortésmente. Boring, mientras tanto, les encantó con facilidad. Cuando se marchaban, la madre de Chubb dijo: "Ha sido un placer conocerle, señor Boring. ¿Se quedará mucho tiempo en Nueva York?"

*Perfectamente Aburrido:* "Oh no, señora, lo siento", contestó él, "tengo que ir a Mississippi mañana para ir a la cárcel".

*Perfectamente Aburrido:* En 1980, Eggleston y Chubb volaron a África. Entre otras cosas, el viaje imprimió en el fotógrafo imágenes de fuego y de un gran caos primordial. "Cuando regresé de Kenia, caí en la cuenta de que todo lo que estaba viendo era el resultado de una violenta actividad volcánica ocurrida hace eones", recordó más tarde. "Intenté imaginar cómo era cuando esas bolas de fuego llegaban a cientos de kilómetros. Debió de ser un acontecimiento infernal".

*Perfectamente Aburrido:* Un viernes por la noche de ese mes de mayo, según se relata en la portada del Greenwood Commonwealth de la mañana siguiente, dos adolescentes conducían por la West Park Avenue de Greenwood cuando observaron una bola de fuego en el cielo de la pequeña ciudad de Mississippi. Doblaron la esquina por la calle Virginia y se encontraron con que la casa de T. C. Boring estaba envuelta en llamas. Los bomberos llegaron y bombearon diez mil galones de agua sobre el edificio, que sin embargo quedó reducido a una ruina cenicienta. El cuerpo de Boring fue encontrado en el suelo junto a su dormitorio. Tenía la cabeza sobre una almohada. El nuevo jefe de policía de Greenwood, James Stevens, declaró al periódico que los daños eran "lo bastante graves como para causar la muerte", pero se preocupó de señalar que "no se le había quemado el bigote".

# Greenwood dentist dies in house fire

THE BODY of Dr. Thomas Chester Boring Jr., 41, prominent Greenwood dentist, was found early Saturday in the burned out remains of his residence at 103 Virginia St.

Leflore County Coroner James Hankins said an inquest jury had left its verdict of cause of death open pending an autopsy requested by a family member. The results of the autopsy were expected to be completed by early next week.

Greenwood Police and Fire Commissioner Eddie Ambrose said Saturday two youths, Michael Capelle and Steve Collins were driving down West Park Avenue when they noticed a glow in the sky over Greenwood. Ambrose said the pair turned down Virginia Street and found Boring's residence ablaze.

THE YOUTHS went to nearby Fire Station No. 2, located about three blocks away on E. Claiborne St. and turned in the alarm at 3:28 a.m.

Ambrose said when a truck from No. 2 arrived at the scene, the house had begun to fall in. A pumper from No. 1 station also answered the call and between the two, about 10,000 gallons of water were used to extinguish the wood frame building.

Ambrose said Boring's body was found on the floor of a sitting room behind his bedroom.

GREENWOOD POLICE CHIEF James Stevens said there appeared to be no indication of foul play.

The dentist was lying down on the floor with his head on a pillow, Chief Stevens said, in a northwest corner room of the house.

Stevens said the body was burned "bad enough to cause death, but his moustache was not burned off." The cause of the fire was still under investigation late Saturday, officials said.

BORING HAD BEEN involved in a number of controversies with the law. Twice in recent years he had his dental license revoked for convictions concerning manufacture or possession of marijuana. Once the Mississippi Board of Dental Examiners revoked his license, but the Mississippi Supreme Court ordered it reinstated. It was again revoked upon conviction in Leflore County Circuit Court, but on appeal to the state supreme court, he was allowed to practice his profession because the charge was reduced from a felony to a misdemeanor.

He later was convicted in court here on a felony charge of manufacture of marijuana and was sentenced to the custody of the State Department of Corrections. Former District Attorney George Everett said Boring filed a writ with the U.S. Federal Court, which freed him. Everett said the writ had not been acted upon by the courts at the time of Boring's death.

Boring was born in Greenwood and was a lifelong resident. He was a graduate of Greenwood High School, the University of Mississippi, and the Loyola University School of Dentistry in New Orleans. He

*Muere un dentista de Greenwood en el incendio de su casa 11 de mayo de 1980 del Greenwood Commonwealth en Mississippi*

*Perfectamente Aburrido:* La muerte de Boring no causó precisamente conmoción en la ciudad. Morbosamente, hacía tiempo que se veía como una conclusión inevitable. "Todo el mundo sabía que Tom iba a tener un mal final", me dijo Wood. "No iba a vivir noventa años y morir con una familia a su alrededor, con un sacerdote dándole la extremaunción". La policía de Greenwood tampoco se esforzó demasiado tras el incendio. "La policía no hizo nada para tratar de averiguar lo que había pasado; fue más bien un hasta nunca", dijo Clay. "No diría que fue una muerte sancionada, pero no creo que a nadie le importara realmente"

Es fundamental señalar que la perspectiva de Clay no simboliza el sentimiento colectivo respecto a la trágica muerte sin resolver de mi padre. De hecho, existe un grupo de individuos, entre los que me incluyo, que han perseguido sin descanso que se haga justicia con él.

Este grupo, compuesto por la hermana de mi padre y su círculo de amigos, mantiene un compromiso inquebrantable por descubrir la verdad que se esconde tras su desgarrador asesinato.

Contrariamente a las afirmaciones de Clay, aquí no hay falta de atención ni de empatía. Nuestra motivación y dedicación nunca deben cuestionarse, ya que nuestras acciones hablan más alto. La verdadera diferencia, tal vez, pueda rastrearse hasta los Eggleston y sus socios, que parecen estar más interesados en la venta de Asesinabilia y en beneficiarse de las falsas afirmaciones relacionadas con el asesinato sin resolver de mi padre.

Es descorazonador e inquietante que la gravedad del fallecimiento de un hombre pueda ser reducida a una trivial aventura empresarial por algunos, como Clay y los Eggleston. En todo caso, sus acciones reflejan una falta de humanidad y un desprecio por la esencia de la Justicia. Ahí radica la ironía: quienes nos acusan de indiferencia son, en realidad, quienes la personifican.

Sigo firme en mi búsqueda de la confianza y la justicia. No permitiré que figuras como Clay o los Eggleston nos disuaden de nuestra misión. Nos importa, y siempre nos importará. Para nosotros, esto es más que una simple búsqueda de justicia; se trata de honrar la memoria de mi padre y de garantizar que tales atrocidades no pasen desapercibidas ni queden sin respuesta. Defiendo la justicia para mi padre, y no descansaré hasta que se haga.

*Perfectamente Aburrido:* La indiferencia de la ciudad ante la muerte de Boring debió complicarse por el hecho de que el incendio no parecía haber sido un accidente. Pero esto no inspira mucha preocupación. "Esa investigación, cuando murió Tom", dijo Wood, "fue la más corta de la historia del Departamento de Policía de Greenwood". Hubo muchas teorías. Fue asesinado por racistas, disgustados por su afecto a la comunidad negra. Fue atacado por un padre, como venganza por la corrupción de su hija. ¿Quizás un negocio de drogas había salido mal? Hubo incluso susurros de que el padre de una antigua novia era uno de los principales miembros de la mafia de Luisiana. La investigación policial estándar -¿tenía la víctima algún enemigo?- se volvía cómica en este contexto. Como dijo Wood: "Había un sinfín de personas que decían que iban a matarle"

Con el hecho de que Eggleston está en posesión del arma homicida que según él asesinó a mi padre y el hecho de que nunca la entregó a la policía para ayudar a hacer justicia al Dr. Boring. Entonces esto me hace pensar que Eggleston es el que podría tener algo que ver con el asesinato sin resolver de mi padre. Así que podría sacar provecho de todas las fotos que tomó de mi padre y de su casa de la que tomó fotos en los años setenta que es su Asesinabilia y eso es exactamente lo que él y su familia han hecho desde que Eggleston tomó la fotografía de dicha arma homicida, un hacha.

Quiero que Eggleston y los miembros de su familia rindan cuentas y sean acusados de cómplices después de los hechos porque se niegan a entregar el arma homicida que, según ellos, asesinó a mi padre para lucrarse. Mi familia necesita consuelo para saber quién es la tercera parte que entregó a Eggleston el arma homicida en 1983 para que la fotografiara en Greenville, Mississippi. Mi familia quiere Justicia para mi padre y más cerca.

Mi familia lleva décadas de duelo por el prematuro fallecimiento de mi padre y sin un cierre nuestro dolor y sufrimiento continuarán. Me duele profundamente tener que aclarar cualquier idea errónea que se diga sobre el asesinato sin resolver de mi padre dentro de este ensayo difamatorio. Constantemente me recuerdan el asesinato sin resolver de mi padre y el dolor de saber por lo que pudo haber pasado cuando fue asesinado puede ser grande a veces. Aún así, sigo adelante luchando por la Justicia para mi padre porque merece mi apoyo y al final sé que tendrá Justicia si nunca abandonó la lucha.

*Perfectamente Aburrido:* Pedí el certificado de defunción de Boring. "Inhalación de humo" figuraba como una de las causas de la muerte, pero bajo "otras condiciones significativas", citaba "fracturas craneales temporales derechas y contusiones cerebrales múltiples". Había un sospechoso "traumatismo craneal" que estaba "pendiente de investigación". En el reverso del certificado, el forense había anotado sus impresiones personales: "Dado que el fallecido había sufrido un traumatismo craneal antes del incendio, creo que el fuego fue probablemente provocado intencionadamente para intentar anular o disimular un homicidio"

William Stephenson, un hombre cuyas acciones están envueltas en el engaño y la falsedad, está acusado de explotar una circunstancia trágica en beneficio propio. Sus audaces afirmaciones no sólo han estresado profundamente a los afectados, sino que también han desvelado su verdadera naturaleza, la de un mentiroso.

En Mississippi, las leyes son explícitas en cuanto a la accesibilidad del certificado de defunción de una persona. Se establece de forma inequívoca que este documento personal y confidencial sólo puede ser adquirido por los familiares más próximos.

Esta normativa salvaguarda los datos sensibles de la persona, como el número de la seguridad social, para que no sean utilizados indebidamente. Sin embargo, Stephenson, en un acto de grave irresponsabilidad e inmoralidad, ha intentado subvertir esta ley.

William Stephenson es un mentiroso. Es ley en el Estado de Mississippi que no se pueda pedir el certificado de defunción de una persona si no se es pariente más próximo. Hay razones para ello porque el certificado de defunción lleva el número de la seguridad social de la persona. Stephenson es lo más bajo de lo bajo para aprovecharse del asesinato sin resolver de mi padre con sus mentiras.

Ya he hablado con el Departamento de Salud del Estado de Mississippi y les pregunté si alguien que no fuera el pariente más próximo podía pedir el certificado de defunción de una persona. Me dijeron verbalmente por teléfono que no están autorizados a entregar el certificado de defunción de nadie a menos que sea el pariente más próximo.

El flagrante desprecio de Stephenson por estas leyes no es sólo una atroz violación de las normas legales, sino que también representa la máxima traición a la confianza. Sacar provecho del asesinato sin resolver de alguien manipulando la verdad es a la vez chocante y repulsivo.

11

# CAPÍTULO 11

————

*Perfectamente Aburrido:* Un día del verano pasado hablé con una mujer que había sido íntima de Aburrido. Últimamente no había pensado mucho en él y parecía que los recuerdos le resultaban más dolorosos que agradables. Pero al final de nuestra conversación, compartió una historia que pensó que podría interesarme. Dos hombres habían sido detenidos por otro asesinato en Greenwood dos años después del de Boring; fueron condenados y aún hoy siguen en prisión. Pero cuando la policía de Greenwood habló con la hermana de la víctima, supuestamente le dijeron que tenían motivos para creer que esos hombres también habían sido responsables del asesinato de Boring. Cuando me puse en contacto con la hermana, me respondió amable pero firmemente: No quería hablar del tema.

"Malos recuerdos de hace mucho tiempo", escribió en un correo electrónico, dejándolo dejarlo así.

*Perfectamente Aburrido:* Llamé al Departamento de Policía de Greenwood y pedí copias de sus registros sobre la muerte de Boring. Tras cierta confusión inicial, me pasaron con la persona más veterana de la plantilla, un tal capitán Andrews, que tenía algunos vagos recuerdos del suceso. "Casi todos los que trabajaron en ese caso están jubilados y se han ido", me dijo. Le pregunté por la forma de la muerte: había oído el rumor de que lo habían matado con un hacha. "Por lo que sé, creo que le apalearon y que prendieron fuego a la casa. Nunca se desarrolló ningún sospechoso". Le pregunté si podía enviarme el expediente del caso. Se lo pensó un momento y me dijo: "Esos archivos se destruyeron, creo, en un incendio".

William Eggleston está en posesión de dicha arma homicida, que es un hacha. Eggleston tomó una fotografía del arma homicida en 1983 en Greenville, Mississippi. La policía nunca hizo un seguimiento de esto. Sin embargo, Stephenson afirma que la policía está muy al tanto del arma homicida, un hacha que en realidad es un hacha.

Es realmente repugnante cómo Eggleston y su familia se aprovecharon de esta arma homicida durante décadas y se niegan a entregársela a la policía para que pueda ayudar a hacer justicia al Dr. T.C. Boring.

En lugar de eso, aquí estoy aclarando cualquier información errónea de la que se hayan aprovechado los Eggleston en relación con el asesinato sin resolver de mi padre. Es realmente repugnante. Mi familia necesita un cierre, pero a los Eggleston no les preocupa el cierre para nuestra familia. Lo único que les preocupa es seguir lucrándose con Eggleston's Asesinabilia mientras difaman la vida de mi padre y su asesinato sin resolver por dinero. Eso es lo único que les preocupa.

*Perfectamente Aburrido:* Cuanto más vacía esté la fotografía", escribe Luc Sante en Évidence, "más implicará el horror". La imagen del techo rojo de Eggleston es un buen ejemplo. Se ha convertido en una de sus obras más emblemáticas: Sólo en 1974 fue portada tanto de su primer portafolio de impresiones por transferencia de color (14 Pictures) como del álbum Radio City de Big Star.

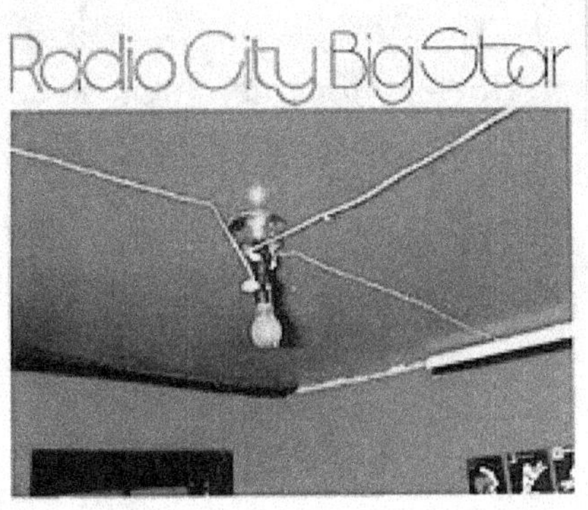


*El techo rojo de William Eggleston en la
portada del disco Radio City Big Star*

*Perfectamente Aburrido*: que es donde lo vi por primera vez, décadas después. "Simplemente se aceptó como una obra maestra", me dijo Chubb, "una foto emblemática, un icono". Pero sea lo que sea lo que representa la foto, también es una imagen de cierto tipo de horror, una fotografía de la escena de un crimen que aún no ha ocurrido. ("Tanto si el sujeto ya está muerto como si no", como dijo Roland Barthes, "toda fotografía es esta catástrofe"). El vacío de la fotografía es agudo y ensordecedor.

La fotografía del Techo Rojo no fue tomada por William Eggleston en el 103 de la calle Virginia en Greenwood Mississippi. No forma parte del asesinato sin resolver del Dr. T.C. Boring hasta que Eggleston y Stephenson mintieron afirmando que era con fines lucrativos. Así que esencialmente

La fotografía del Techo Rojo forma parte de la Asesinabilia de William Eggleston que él y los miembros de su familia venden a coleccionistas y compradores de su fotografía haciéndoles creer que forma parte de la escena de un crimen y que es parte del asesinato sin resolver del Dr. T.C. Boring en un enfermizo intento de lucrarse de su asesinato sin resolver con su Asesinabilia.

*Perfectamente Aburrido:* Todavía quedaba al menos una persona con la que no había hablado sobre "El techo rojo " , el fotógrafo. A sus setenta y ocho años, William Eggleston vive en uno de los hoteles residenciales más elegantes del Sur, un edificio centenario con vistas al Overton Park de Memphis. Conocerle tiene su historia, una que tuve en cuenta mientras subía en ascensor hasta su piso. En los años ochenta, una vez recibió a un redactor de Newsweek en la puerta con un revólver en una mano. Cuando un reportero de Vanity Fair vino a hacerle un perfil años más tarde, Eggleston le hizo tomar precauciones especiales, ya que "hay dos órdenes de detención contra mí".

Órdenes de detención contra Eggleston. Vaya, vaya. La reputación de Eggleston se ve empañada por las dos órdenes de detención pendientes contra él. Estas órdenes judiciales son un duro recordatorio de su desafío a la Ley y el Orden, un alarmante testamento de su potencial dañino.

Cuando Eggleston recibió a un periodista en la puerta de

su casa con un revólver en la mano, mostró sin complejos su disposición al conflicto. Este encuentro fue algo más que una táctica intimidatoria, fue un atisbo de la realidad del inquietante carácter de Eggleston. Un hombre que responde a su puerta con un arma de fuego revela no sólo una falta de respeto por las normas sociales, sino una propensión profundamente arraigada a la amenaza y la violencia.

Sin embargo, cabe preguntarse, ¿qué lleva a una persona por semejante camino? ¿Dónde se origina este aparente desprecio por la ley y la seguridad humana? Aunque es fácil etiquetar a Eggleston simplemente de "peligroso", es esencial explorar las cuestiones sociales y personales más profundas que pueden contribuir a tal comportamiento.

La historia de Eggleston sirve de crudo recordatorio de la necesidad de una aplicación eficaz de la ley y de procesos de rehabilitación. Es un testimonio de la importancia de abordar la causa raíz de ese comportamiento, en lugar de limitarse a sus síntomas. Ignorar estas órdenes judiciales y las tendencias violentas de Eggleston no hace desaparecer el problema; sólo permite que se 'éster' y potencialmente se agrave.

William Eggleston Jr. es algo más que un "individuo peligroso". Es un símbolo de un problema mayor. Uno que exige la atención de las fuerzas del orden y de la sociedad en su conjunto. Las órdenes de detención dictadas contra él en el pasado no son simples trozos de papel, sino llamadas urgentes a la acción, a las que nosotros, como sociedad, debemos responder con prontitud y eficacia.

*Perfectamente Aburrido:* Pero Eggleston también tiene fama de ser de voz suave, casi enervante, y así fue como le encontré: desarmado y de buen humor. Estaba reclinado en el sofá de su suite, vestido con una camisa blanca pulcramente planchada, fumando en cadena y bebiendo su ración diaria de whisky. Su mujer, Rosa, había fallecido recientemente, y desde entonces vive solo. Tiene que cuidarse físicamente; se había roto el cuello en una caída unos años antes, y los médicos le dijeron que no podía permitirse otro accidente igual. Un cartel en la puerta del apartamento advertía a los visitantes de que no intentarán provocarle para que retomara sus viejos hábitos: SI TRAE MÁS ALCOHOL A ESTE APARTAMENTO, LE ESTÁ PONIENDO EN PELIGRO DE MUERTE.

*Perfectamente Aburrido:* Tras unos minutos de charla, saqué el tema de T. C. Boring, y pareció desconcertado al oír el nombre. Le mostré el retrato desnudo de la Guía y sus ojos se iluminaron con algo parecido a la nostalgia o la admiración. ¿En qué le hacía pensar la fotografía? "Sólo pienso en los grandes amigos que fuimos", dijo. "Era un perfecto caballero. Bien vestido, modales impecables, un caballero sureño". Le señalé que, en la mayoría de las fotos que había visto, no iba vestido en absoluto. "Era más o menos así", dijo lentamente. "A voluntad, como un camaleón, T.C. podía convertirse en una cosa diferente. Era un extraterrestre". Hizo una pausa, antes de añadir: "Para ellos, era un alienígena. Para mí, no".

Mi padre era nudista en su propia casa, lo que es completamente legal. El Dr. T.C. Boring no era de ninguna manera un extraterrestre como afirma William Eggleston. Que Eggleston llame extraterrestre a su supuesto amigo no es más que otro patético intento de difamar y degradar a mi padre, el Dr. T.C. Boring.

La descripción que hace Eggleston del Dr. T.C. Boring como extraterrestre ha provocado toda una serie de reacciones por mi parte y la de mi familia. Sin embargo, es crucial evaluar esta afirmación de forma crítica, siendo precavidos ante el daño potencial de los comentarios difamatorios.

El Dr. T.C. Boring era un individuo con tendencias excéntricas, como la práctica del nudismo dentro de los confines de su hogar. Aunque tal estilo de vida pueda parecer inusual a muchos, se mantiene dentro de los límites de la legalidad y la libertad personal. Calificar a alguien de "extranjero" basándose en sus elecciones de estilo de vida representa una forma de difamación que sirve para degradar y menospreciar su carácter.

El retrato de Eggleston pinta una imagen del Dr. T.C. Boring como una figura extravagante, un 'alienígena' en sentido metafórico. Esta caracterización, que quizá tenga la intención de ser una expresión artística, también puede verse como un ataque directo a la reputación del Dr. T.C. Boring. En este contexto, 'alienígena' parece ser menos un descriptor creativo y más un término despectivo empleado para escandalizar y condenar al ostracismo.

Aunque las obras fotográficas de Eggleston son conocidas y respetadas, sus afirmaciones sobre individuos como el Dr. T.C. Boring deben tomarse con cierto escepticismo. Es vital recordar que incluso las narraciones más cautivadoras pueden a veces tener su origen en un intento de difamar y degradar, más que en una búsqueda por revelar la verdad o la belleza.

*Perfectamente Aburrido:* Dijo que no estaba seguro de poder ayudarme. "El asesinato es un misterio sin resolver", dijo. "Nadie sabe quién lo hizo, ni por qué lo hizo. Me enteré un par de semanas después. Hablé con diferentes personas que ambos conocíamos y nadie parecía saber nada al respecto, ni una maldita cosa". Sacudió la cabeza y encendió otro cigarrillo. "Mi difunto amigo T. C. Boring", repitió. "No sé qué podría decirle".

Yo sé lo que puedo decirle. La mayoría de las veces Eggleston miente sobre la vida de su supuesto amigo y sobre su asesinato sin resolver para lucrarse. Eggleston y su familia que se lucran con el asesinato sin resolver del Dr. T.C. Boring no tiene ninguna intención de hacerle justicia. Lo único que les preocupa es seguir lucrándose de su asesinato sin resolver con sus mentiras y Asesinabilia. Eso es lo único que les importa.

*Perfectamente Aburrido:* En su presencia, las digresiones de Eggleston no parecen digresiones. Parecen-0987 extensiones naturales de una conversación sumergida que debería haber estado manteniendo todo el tiempo pero que sólo él reconocía como tal. Ésta fue mi sensación, al menos, cuando pareció cambiar de tema. "En el reino del arte muy pocas cosas son posibles o verdaderamente probables", dijo. "Cito lo que sé sobre la electrodinámica cuántica. Esto es algo que vale la pena recordar, de mí para usted: El resultado final del esfuerzo no es algo singularmente exacto; en cambio, es algo probable". Hizo tintinear el hielo de su vaso con tristeza, al notar que estaba casi vacío. Se me ocurrió que quizá no había cambiado de tema después de todo. "Estoy diciendo tonterías, por supuesto". Se rió. "Entonces, realmente no lo es. Se habrá dado cuenta de que me gusta mucho el estudio avanzado de la física".

*Perfectamente Aburrido:* A partir de ahí la noche se desvió cómodamente de su curso. Eggleston pasó media hora tocando piezas de Robert Burns en su piano de cola Bösendorfer de dos metros. Insistió en que viéramos la totalidad de la película de David Byrne True Stories, en la que no había pensado desde que visitó el plató en 1986. Periódicamente, en medio de algún que otro discurso, agitaba su cigarrillo en dirección a un retrato enmarcado de Bach, al que se refería como "El Maestro". Sobre todo, hablaba con adoración de los otros amigos íntimos que había perdido a lo largo de los años: Diane Arbus, Garry Winogrand, Eudora Welty -la última de las cuales había escrito una conmovedora apreciación de su obra en su introducción a la edición original de El bosque democrático. Pienso en ella a menudo cuando miro sus fotografías, su idea de que "consiguen mostrarnos el grano del presente, como la sección transversal de un árbol"sección de un árbol".

*Perfectamente Aburrido:* A medida que avanzaba la noche, Eggleston se volvía cada vez menos coherente, como su familia me había preparado para esperar. También se volvió más abatido. En un momento dado, volvió a cambiar de tema -¿o no?- para relatar algo que había sabido esa mañana por el ama de llaves. "Anoche se suicidó aquí un hombre", dijo, tumbándose de nuevo en el sofá. "Había sido abandonado por su familia, y además era un gran bebedor. Así que se tragó un frasco entero de somníferos y los persiguió con estricnina. Un hombre muy agradable, de unos sesenta años. A nadie le importaba una mierda". Intentó ponerse en pie, luego desistió y volvió a tumbarse. "Las cosas en la vida no siempre son tan agradables"

*Perfectamente Aburrido:* Como si recordara por qué había venido, nuestra conversación volvió sobre "El techo rojo". Me había preocupado que hubiera olvidado los detalles, dado que fue una toma entre miles a lo largo de su vida. Pero me pidió volver a verlo y encendió otro cigarrillo. Le entregué un ejemplar de un libro que había traído. Sonrió de forma extraña.

"Brenda, T.C. y yo éramos las tres personas que estábamos tumbadas en la cama cuando hice esa foto", dijo. ¿Así que sí se acordaba de aquel día? "Por supuesto", dijo. "Sí. Estábamos pasando un rato agradable, hablando de esto y de lo otro, hablando de tonterías. Los tres tumbados en la cama -era una cama grande-. Y recuerdo que en una fracción de segundo levanté la vista. Pensé, esa es una gran foto. Y entonces hice la foto. Después de eso, no sé qué pasó". Cerró el libro y me lo devolvió. "No creo que pasara gran cosa pasó".

Bueno, puedo decirle lo que pasó. Eggleston y los miembros de su familia decidieron empezar a ganar dinero con la fotografía años después de que fuera tomada mientras hacían falsas afirmaciones de que la fotografía fue tomada donde mi padre fue asesinado. En un intento de lucrarse con el asesinato de mi padre con Eggleston's Asesinabilia. ¡Eso es lo que ocurrió!

Este es el final del ensayo difamatorio Perfectamente Aburrido que fabricó el asesinato sin resolver del dentista veterano de la Marina de EE.UU. Dr.T.C. Boring con la Asesinabilia de William Egglston.

12

# CAPÍTULO 12

———

Aunque Eggleston y Stephenson hicieron muchas afirmaciones falsas sobre la vida y el asesinato sin resolver de mi padre, no hicieron más que difundir mentiras con fines lucrativos con Asesinabilia de William Eggleston.

El escrito de Stephenson está lleno de afirmaciones despectivas sobre Tom, que pintan una imagen difamatoria que dista mucho de la realidad que conocemos. La inquietante representación de Tom como drogadicto es una burda interpretación errónea destinada a empañar su imagen. Resulta crucial discernir las falacias y las afirmaciones de Stephenson para comprender al verdadero Tom, una persona de carácter recto y moral intachable.

Stephenson optó deliberadamente por centrarse en una narrativa negativa a lo largo de todo su ensayo, ignorando los numerosos aspectos positivos de la vida de Tom. La descripción que Stephenson hace de Tom en su ensayo es fundamentalmente difamatoria, basada en prejuicios y carente de una perspectiva equilibrada. Es un retrato injusto que requiere un examen crítico y una sólida contra-narrativa para revelar al verdadero Tom, un hombre íntegro, compasivo y resistente.

Tom era un individuo responsable que había influido positivamente en muchas vidas. Era un padre cariñoso, apoyaba a su amigo y era un excelente profesional en su campo de la odontología. Sin embargo, estos atributos han sido convencionalmente admitidos de la narración de Stephenson, revelando un claro sesgo e intención de difamar.

La perpetuación de esta representación difamatoria tiene graves consecuencias, que afectan no sólo a la vida personal de Tom, sino también a su prestigio profesional. Esta representación tendenciosa no tiene en cuenta el importante daño que causa a la reputación de Tom. Es esencial cuestionar tales narraciones y arrojar luz sobre la verdad.

Como Stephenson, los Eggleston y Maude Schuyler Clay se dedican a distorsionar y difamar la vida de mi padre y su asesinato sin resolver con fines lucrativos. Yo sigo luchando por que se haga justicia a mi padre. Han pasado décadas, pero la sombra de la prematura desaparición de mi padre sigue cerniéndose sobre mí y mi familia. La búsqueda de justicia para mi padre se ha convertido en un faro de Esperanza y se aleja de la oscuridad envolvente del dolor. El duelo no es sólo personal, sino colectivo. Es una carga compartida que soportan todos los miembros de mi familia. La herida se niega a cicatrizar, el dolor persiste y el sufrimiento se prolonga por el vacío de un cierre.

La búsqueda de justicia para mi padre y de un cierre para mi familia no es simplemente una batalla legal. Es una obligación moral. Una lucha contra la glorificación de la Asesinabilia de William Eggleston, una afrenta a la memoria de las víctimas, y una postura contra quienes se lucran con artefactos tan desagradables. Cada paso dado en esta dirección es un paso hacia la Justicia, un paso hacia el cierre y, en última instancia, un paso hacia la curación.

Lucharé para que los Eggleston rindan cuentas por su Asesinabilia y me aseguraré de que él y su familia se enfrenten a cargos por Accesoriedad después de los hechos. Mi lucha por la Justicia para mi padre me llevó a presentar un informe policial sobre la Asesinabilia de Eggleston y cómo él está en posesión del arma homicida, un hacha, que según él asesinó a mi padre.

Después de que presentara el informe policial, el detective Nevels del Departamento de Policía de Greenwood Mississippi reabrió el caso sin resolver del asesinato de mi padre el 3 de julio de 2023 alegando que habían salido a la luz nuevas pruebas.

La nueva evidencia es que yo había descubierto que el fotógrafo William Eggleston, quien tomó la foto del arma homicida que según él asesinó a mi padre, había obtenido dicha arma homicida de un tercero, pero en lugar de que Eggleston entregara esta arma homicida a las autoridades para ayudar a hacer Justicia al Dr. T.C. Boring, William Eggleston y los miembros de su familia prefirieron sacar provecho de ella con Asesinabilia.

Aquí está el informe policial que presenté ante el Departamento de Policía de Greenwood Mississippi en relación con las nuevas pruebas que habían salido a la luz y que justificaban que se reabriera e investigara el caso sin resolver de mi padre.

## GREENWOOD POLICE DEPT
## INVESTIGATIVE REPORT
### NUMBER: 2023060191

PRINT DATE: 06/23/2023                                        Page 1

Received: 06/23/2023  11:41   Incident No: 2023060191                    Signal: 42
Dispatched: 06/23/2023  11:41   Location: 103 VIRGINIA ST GREENWOOD
Enroute:                        Occurrence: 06/23/2023  11:41
Arrived: 06/23/2023  11:41   X Coordinate:  Y Coordinate:
Completed: 06/23/2023  11:41
Status Date/Time: 06/23/2023  11:47  Status: PENDING              Clearance:

Dispatch Notes: 0473 06/23/2023 11:41:23 License: MS
              OLN: OLNS: MS
              Notes:

### ******* COMPLAINANT(S) *******

ID # 2019040061        PAIXAO, JANE B                               Home/Business
                     , BROWARD COUNTY FL 00000000                   (662)
        TYPE OF INDIVIDUAL: I                                       (662)
                                                                    (662)

### ********** OFFENDER **********

ID # 2022110087        UNKNOWN, UNKNOWN                             Home/Business
                     , GREENWOOD MS 00000000                        (662)
        TYPE OF INDIVIDUAL: U                                       (662)
                                                                    (662)

DOB:  / /     AGE: 0  +/-00   RACE:U        SEX:U          Height: 0- 0   Weight: 0    SSN: 000-00-0000
OLN:                    State: MS Class:    Commercial:   Birth City/State:
Appearance:             Build:              Complexion:           Ethnicity:U              Eyes:XXX
Hair: XXX        Hair Length:           Hair Style:              Resident: U        M.O.:
EMPLOYER:

HATE/BIAS MOTIVATED:                                   CLOTHING:
OFFENDER USED: NOT APPLICABLE

OFFENSE    1    OFFENSE (RS #)  97-3-19                ATTEMPTED: NO      UCR Code: 09A
           MURDER

Bias Motivation 1:     NONE

Offense Connected to Victim Sequence Number:           1 BORING, T.C. JR

### ********* SUSPECT(S) *********

ID # 2023060090        EGGLESTON, WILLIAM JR                        Home/Business
                     , MEMPHIS TN 00000000                          (662)
        TYPE OF INDIVIDUAL: I                                       (662)
                                                                    (662)

██████████  AGE: 0  +/-00   RACE:U        SEX:U          Height: 0- 0   Weight: 0    SSN: 000-00-0000
OLN:                    State:     Class:    Commercial:   Birth City/State:
Appearance:             Build:              Complexion:           Ethnicity:U              Eyes:
Hair:        Hair Length:           Hair Style:              Resident: U        M.O.:
EMPLOYER:

## GREENWOOD POLICE DEPT
## INVESTIGATIVE REPORT
### NUMBER: 2023060191

PRINT DATE: 06/23/2023                                        Page 2

### ********** VICTIM(S) **********

ID # 2023060089        BORING, T.C. JR                              Home/Business
                     , GREENWOOD MS 0000                            (662)
        TYPE OF INDIVIDUAL: I                                       (662)
                                                                    (662)

DOB: 12/11/1931  AGE: 91  +/-00   RACE:W        SEX:M          Height: 5-10   Weight: 170   SSN: 000-00-0000
OLN:                    State: MS Class:    Commercial:   Birth City/State:
Appearance:             Build:              Complexion:           Ethnicity:N              Eyes:BLU
Hair: BRO        Hair Length:           Hair Style:              Resident: R        M.O.:
EMPLOYER:

INJURY TYPE(S) [X] None [ ] Broken Bones [ ] Internal [ ] Lacerations [ ] Minor [ ] Major [ ] Teeth [ ] Unconscious
Offender ID: 2023060089                 Offender Seq:  1    Relationship: RELATIONSHIP UNKNOWN

### ***** ASSIGNED OFFICER *******
WHITEHEAD, DEAUNTAE
### ***** CALL RECEIVED BY ******
OUSLEY, CASSANDRA JEAN

**GREENWOOD POLICE DEPT**
**INVESTIGATIVE REPORT**
**NUMBER: 2023360191**

Print Date: ...                 Author: ...                 Page: 1
Agency: GPD                     Title: ...
Incident No. ...                Date Entered: ...           Report Type: ...

On June 23, 2023 at approximately 10:44hrs I, Sergeant Draxxxx Whitehead made contact Brenda Palazzo with at 408 Main Street in reference to a murder.

Doctor T.C boring Jr., doctor was murdered 103 Virginia street May 10th, 1980. Palazzo gave photo evidence of a murder weapon (hatchet) call untitled near the river at Greenville c. 1963-1986. Taking by photographer William Eggleston Jr who got the weapon from Jail and does't think party that he profits off of.

Eggleston shrunked in Camera, #2:04 into the film William Eggleston Claimed, T.C he was a dentist in greenwood MS, he was struck in the head with an axe." "By the time the fire department got there he was badly burned and dead."

Back of death certificate stated that boring died for homicide and Mr. Eggleston have murder weapon.

Es un hecho que nunca se recuperó ningún arma homicida de los restos calcinados de la casa de mi padre en el número 103 de la calle Virginia en Greenwood Mississippi. Los Eggleston venden la afirmación de que mi padre fue asesinado con un hacha en sus películas, en su ensayo Perfectamente Aburrido, en exposiciones de retratos y en libros de fotografía artística y en cualquier otro lugar donde puedan sacar provecho de la afirmación. Aquí están los restos quemados de la casa de mi padre que una vez estuvo en el 103 de la calle Virginia en Greenwood, Mississippi.

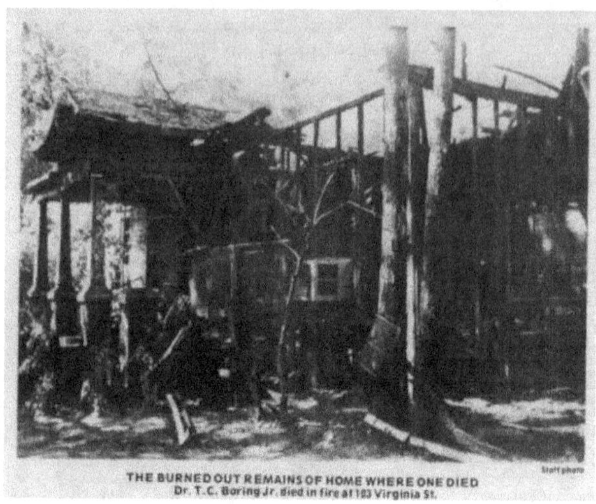


*Esta foto apareció en el Greenwood Commonwealth de
Mississippi*

Sé a ciencia cierta que nunca se recuperó ningún arma
homicida en los restos calcinados de la casa de mi padre porque
así lo afirmaban recortes de periódico. Hay otros dos recortes
de periódico que hablaban con detalle del asesinato sin resolver
de mi padre. Aquí hay otros dos recortes de periódico sobre el
asesinato sin resolver de mi padre.

# Police investigation of I

*Continúa la investigación policial de la muerte de Boring de la Mancomunidad de Greenwood en Mississippi Parte 1*

# Boring death continues

*Continúa la investigación policial de la muerte de Boring de la Mancomunidad de Greenwood en Mississippi Parte 2*

## Dr. Tom Boring's death still under investigation

*La muerte del Dr. Tom Boring sigue bajo investigación de la Mancomunidad de Greenwood en Mississippi*

Presenté estos dos recortes de periódico y otro recorte de periódico como pruebas al Departamento de Policía de Greenwood para ayudar en su investigación del asesinato sin resolver de mi padre porque no hay ningún informe policial registrado en el Departamento de Policía de Greenwood Mississippi sobre el asesinato sin resolver de mi padre.

También puse en orden lo que recogí de los recortes de periódico que podría ayudar con su investigación y también voy a compartir con ustedes ahora lo que los recortes de periódico afirmaban sobre su asesinato sin resolver para que puedan ver por ustedes mismos que nunca se recuperó ningún arma homicida de los restos quemados de la casa de mi padre que una vez estuvo situada en el 103 de la calle Virginia en Greenwood Mississippi.

A continuación encontrará la información sobre el asesinato sin resolver del Dr. T.C. Boring extraída de los recortes de periódico de la Commonwealth de Greenwood: El dentista muere en el incendio de su casa, La investigación policial de la muerte de Boring continúa y La muerte del Dr. Tom Boring sigue bajo investigación.

1. 10 de mayo de 1980 El jefe de policía de Greenwood, James Stevens, dijo que no parecía haber indicios de juego sucio en el 103 de la calle Virginia en Greenwood Mississippi 38930.

2. El forense del condado de Leflore, James Hankins, dijo que la investigación había dejado abierto su veredicto sobre la causa de la muerte a la espera de una autopsia solicitada por un familiar.

3. El jefe de policía y comisario de bomberos de Greenwood, Eddie Ambrose, informó en el periódico sobre el asesinato de Boring.

4. Ambrose dijo que el cuerpo de Boring fue encontrado en una sala de estar detrás de su dormitorio.

5. La estación de bomberos número 3 de Greenwood Mississippi apagó el incendio de su casa.

6. Un autobomba de la estación de bomberos número 2 también acudió a la llamada.

7. La causa oficial de la muerte es la inhalación de humo según el forense del condado de Leflore, James Hankins, tras los resultados de la autopsia.

8. El informe patológico de la autopsia reveló numerosas heridas en la cabeza,incluyendo una fractura de cráneo y una posible fractura de mandíbula.9

9. Ambrose dijo que, en su opinión, los restos retirados del cuerpo de Boring no podrían haber causado las heridas que el patólogo encontró durante la autopsia.

10. Ambrose dijo que el corte en la frente de Boring podría haberse producido posiblemente por una caída contra el alféizar de una ventana cercana. Golpearse la cabeza contra el alféizar de la ventana y luego caer de nuevo en la habitación intentando salir del incendio.

11. Ambrose supuso que el fuego llevaba ardiendo entre 45 minutos y una hora antes de que lo descubrieran dos transeúntes y se encendiera la alarma a las 3:28 de la madrugada.

12. El capitán de bomberos se dio cuenta de que salía una llamarada azul de una habitación e

inmediatamente cortó el gas natural en el contador apagando la llamarada azul en la casa de Boring.

13. Los materiales fueron enviados al laboratorio criminalístico de Mississippi en Jackson.

14. El jefe de bomberos Maxie Ellis escribió una carta a Ambrose sobre dónde se inició el incendio y la causa.

15. Ambrose declaró en su opinión basada en 11 años de servicio como investigador criminal con la policía militar que no creía que el material encontrado encima de la espalda de Boring pudiera haber causado los daños en la cabeza de Boring que la autopsia reveló.

16. El departamento de policía de Greenwood Mississippi trabajó en el caso.

17. Al revisar la autopsia, parecía que Boring había sido atacado. Su aparente agresor era zurdo ya que la mayoría de los daños en la cabeza estaban en el lado derecho de la víctima.

18. Una autopsia en el hospital Greenwood Leflore realizada por Donald E. Pierce, reveló que Boring tenía lesiones recientes en la fractura craneal del lado derecho, laceraciones en el cuero cabelludo y múltiples contusiones a ambos lados de la cabeza y en la frente. También observó extensas quemaduras de segundo a cuarto grado. El Dr. Pierce anotó en su certificado de defunción que el Dr. Boring había

muerto a causa de un homicidio. A continuación se muestra el reverso del certificado de defunción del doctor Boring.

19. El jefe de policía James Stevens se negó a calificar el incidente de homicidio, aunque dijo que la investigación había dado con un sospechoso principal.

20. Una investigación de la oficina del Jefe de Bomberos del Estado reveló que era posible que se tratara de un incendio provocado.

21. Ambrose creía que el fuego comenzó en el salón porque había un gran agujero en el suelo.

22. Las dos últimas personas que vieron a Boring con vida fueron dos cocineros que estaban al otro lado de la calle, en un restaurante.

23. Al revisar la autopsia parecía que Boring había sido atacada. El agresor era zurdo ya que la mayoría de los daños en la cabeza estaban en el lado derecho de la víctima.

24. Más tarde, Ambrose calificó la muerte de Boring de homicidio.

25. El informe del patólogo determinó que el peso de las tablas encontradas en la espalda de Boring no eran suficientes para causar daños en la cabeza tras la autopsia.

26. Al principio de la investigación, Amber dijo que no

creía que se tratara de juego sucio, pero más tarde cambió de opinión.

27. Steven dijo que el caso sigue abierto.

28. (Sin título) Cerca del río en Greenville Mississippi 1983-86 del fotógrafo William Eggleston es una foto del arma homicida que asesinó a Boring.

29. Nunca se recuperó ningún arma homicida de los restos calcinados de su casa y el jefe de policía Stevens incluso se negó a calificar su muerte de asesinato.                     Por último

30. Eggleston es el único que tiene la foto del arma homicida que asesinó a mi padre y se está lucrando del asesinato sin resolver de mi padre con Assassinablia.

Esta información que recopilé de los recortes de periódico no le sirvió de nada al detective Nevels porque después de reabrir el caso sin resolver de mi padre me informó de que se negaba a investigar el asesinato sin resolver de mi padre. Entonces me dijo verbalmente que iba a remitir su investigación a la Unidad de Casos Sin Resolver del MBI en Mississippi.

Después de que Nevels remitiera la investigación del caso sin resolver de mi padre al MBI. El investigador de casos sin resolver del MBI, el detective Mark Steed, me informó de que exigía que el detective Nevels asignara a un investigador principal del Departamento de Policía de Greenwood, Mississippi, para que ayudara a dirigir la investigación del asesinato sin resolver de mi padre. Sin embargo, esto nunca ocurrió.

En lugar de eso, Nevels cerró la investigación del caso sin resolver de mi padre enviándome una carta por correo electrónico el 14 de agosto de 2023 en la que me decía que la investigación del caso sin resolver de mi padre se cerraba porque el Departamento de Policía de Greenwood y la Unidad de Casos Sin Resolver del MBI habían podido comprobar que no se había cometido ningún crimen. Sin embargo, Nevels me mintió afirmando en el correo electrónico que la Unidad de Casos Sin Resolver del MBI había encontrado que no se había cometido ningún crimen con el asesinato sin resolver de mi padre.

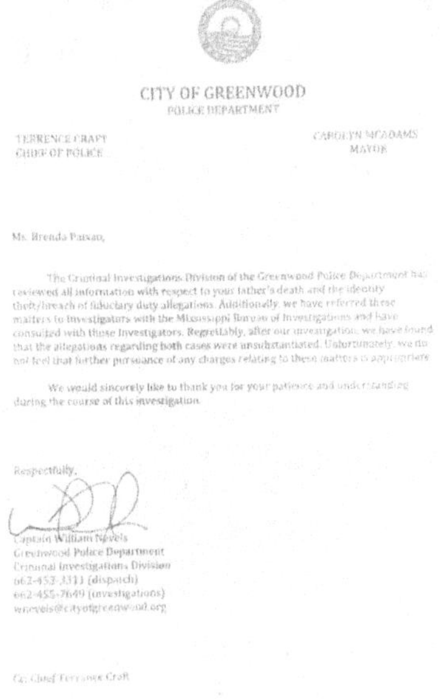

Con la carta de Nevels informándome de que la investigación del caso sin resolver de mi padre estaba cerrada, daría la impresión de que la policía está protegiendo al individuo que asesinó a mi padre y a William Eggleston, dejando a la familia de mi padre sin un cierre.

Más tarde hablaría con el detective de casos sin resolver del MBI Mark Steed y le preguntaría si le había dicho al detective Nevels que cerrara la investigación del asesinato sin resolver de mi padre alegando que no se estaba cometiendo ningún delito con las nuevas pruebas que yo había puesto en conocimiento del Departamento de Policía de Greenwood Mississippi.

El detective de casos sin resolver del MBI Mark Steed me informó de que nunca le había dicho al detective Nevels que cerrara la investigación del asesinato sin resolver de mi padre y que, por lo que él sabía, seguía investigándolo. Steed también me dijo que tenía la intención de continuar la investigación hasta que se siguieran todas las pistas.

Tengo la esperanza de que después de que la Unidad de Casos Sin Resolver del MBI termine su investigación del asesinato sin resolver de mi padre y después William Eggleston Jr, Winston Eggleston, Andra Eggleston, William Eggleston 3° y Maude Schulyer Clay sean acusados de Complicidad Después de los Hechos y posiblemente para entonces el MBI tenga al sospechoso de asesinato que asesinó a mi padre acusado y detenido por su papel que jugó en el asesinato de mi padre el 10 de mayo de 1980.

¿Quién es el tercero que permitió a Eggleston poseer el arma homicida? La revelación de este enigma es esencial no sólo para la búsqueda de justicia, sino también para el tan necesario cierre para mi familia. Pero incluso después de que Eggleston y los miembros de su familia sean acusados de complicidad en los hechos. También serán responsables en virtud de la Ley del Hijo de Sam. La Ley del Hijo de Sam debe su nombre al célebre asesino en serie David Berkowitz, también conocido como Hijo de Sam.

David desempeñó un papel crucial en el ámbito de los asesinatos. La Ley del Hijo de Sam fue promulgada a finales de la década de 1970 en Nueva York y posteriormente adoptada por varios otros estados, la Ley del Hijo de Sam fue diseñada inicialmente para evitar que los criminales se lucraran con sus crímenes, concretamente vendiendo sus historias a editores o cineastas. La ley obliga a depositar en una cuenta de depósito en garantía, a disposición de las víctimas del delito para su indemnización, los beneficios obtenidos de tales actividades.

En contextos de Asesinabilia, la Ley del Hijo de Sam actúa como una salvaguarda para las víctimas que podrían ser explotadas aún más por la venta de estos horripilantes coleccionables. Por ejemplo, si un asesino en serie convicto vende una obra de arte creada en prisión, los profetas serían normalmente incautados en virtud de la Ley del Hijo de Sam, y posteriormente puestos a disposición de sus víctimas o de sus familiares. Esta ley tiene un doble propósito en el ámbito de la Asesinabilia, ya que disuade a los criminales de beneficiarse económicamente de su atroz acto y proporciona un medio para que las víctimas reciban una restitución, que es un aspecto esencial de su proceso de curación.

La Ley del Hijo de Sam es una herramienta importante para ofrecer cierto grado de justicia a las víctimas de delitos violentos, y constituye un recordatorio vital de nuestro compromiso de proteger a los afectados por actos atroces.

Sin embargo, hay que seguir trabajando para reconocer la gravedad de los delitos cometidos y garantizar que las víctimas sean tratadas con el máximo respeto y compasión. Esto, unido a la comprensión de las complejidades de los derechos de libertad de expresión, es la única manera de abordar con eficacia las prácticas poco éticas que se incrustan en Asesinabilia.

En su esencia, la Ley del Hijo de Sam trabaja para preservar los derechos y la dignidad de las víctimas, al tiempo que disuade a los criminales de lucrarse con sus crímenes, como William Eggleston está haciendo con el asesinato sin resolver de mi padre con dicha arma homicida, un hacha, que recibió de un tercero.

Además, la aplicación de la Ley del Hijo de Sam puede suponer una pérdida de reputación para Eggleston. La condena pública asociada a los beneficios de la venta de Asesinabilia puede empañar su imagen pública, reduciendo su atractivo para los compradores potenciales.

Aparte de esto, podría haber ramificaciones legales para Eggleston. Violar la Ley del Hijo de Sam puede acarrear sanciones legales, incluidas multas o posibles penas de prisión, dependiendo de la jurisdicción y de los detalles específicos del caso.

La Ley del Hijo de Sam sirve de importante desodorante para que individuos como William Eggleston y los miembros de su familia no vendan Asesinabilia. Al amenazar con pérdidas financieras, daños a la reputación y posibles consecuencias legales, la ley ayuda a garantizar que el crimen no sea rentable.

Sin embargo, es importante señalar que la aplicación de la Ley del Hijo de Sam varía de un estado a otro. Dependiendo de dónde tenga lugar la venta de Eggleston, la Ley podrá aplicarse o no. Es importante que las personas como Eggleston comprendan y acaten sus leyes locales relativas al delito y sus beneficios asociados. El desconocimiento de las leyes locales puede acarrear sanciones costosas y una pérdida de reputación.

Además de comprender la Ley del Hijo de Sam, también es importante que individuos como Eggleston tengan en cuenta sus responsabilidades éticas a la hora de considerar la venta de Asesinabilia. Aunque la ley puede no aplicarse en determinados casos, es importante considerar el impacto que tiene en la sociedad en su conjunto lucrarse con el crimen. Al considerar las implicaciones a largo plazo y el coste potencial tanto para las víctimas como para sus familias, individuos como Eggleston deberían contribuir a garantizar que se haga justicia en todos los casos. Haciéndolo así no sólo les protegeremos de las sanciones legales, sino que también ayudaremos a construir una sociedad más justa y equitativa.

Creo fervientemente que responsabilizar a los Eggleston en virtud de la Ley del Hijo de Sam y asegurar que él y su familia se enfrenten a cargos por Complicidad Tras el Hecho no sólo servirá a la Justicia para mi padre, sino que también evitará que se perpetúen prácticas tan descorazonadoras de venta de Asesinabilia.

Mientras Eggleston venda su Asesinabilia el recuerdo de mi padre vivirá para siempre y yo seguiré luchando por un mundo que valore la Justicia por encima de todo. Pase lo que pase, sé en mi corazón que la memoria de mi padre nunca será olvidada. Su vida importó.

Ahora honrémoslo protegiendo las vidas de los demás de aquellos que buscan el beneficio personal haciéndoles daño. Esta es mi promesa para él, y para todos aquellos que nos han sido arrebatados demasiado pronto.

Luchemos por la justicia, para que algún día nadie tenga que sufrir el destino de mi padre. Juntos podemos poner fin a esta práctica morbosa de lucrarse con el asesinato y garantizar que prevalezca la justicia. Permanezcamos unidos para hacer de este mundo un lugar mejor para las generaciones futuras, y recuerde, nunca permita que el beneficio se anteponga a la Justicia. Es hora de pasar a la acción y garantizar que nadie tenga que volver a sufrir el mismo destino que mi padre. Justicia para mi padre, el Dr. T.C.Boring.

# Sobre el Autor

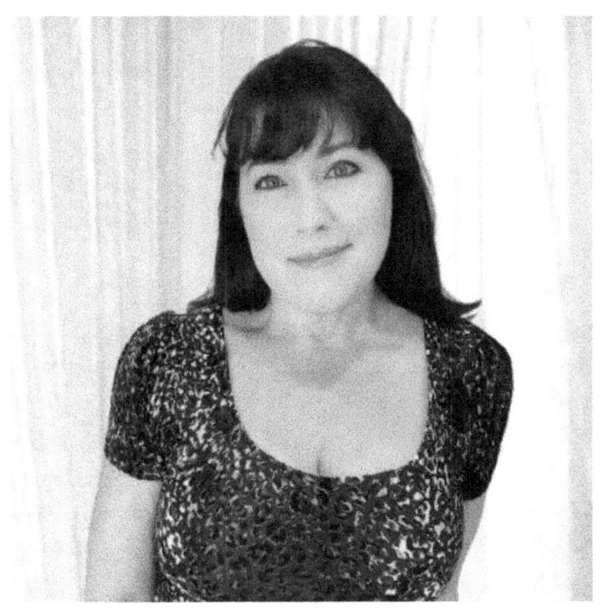

Jane Flowers es una autora de True Crime originaria de Greenwood, Mississippi. Actualmente reside en Nueva Orleans, Luisiana.

Su afición favorita es la fotografía. Lleva fotografiando desde muy joven y le entusiasma la creación y el perfeccionamiento de la fotografía.

En su tiempo libre es una firme defensora de la meditación trascendental. Su pasión es dar a conocer la capacidad de la meditación TM para mejorar el bienestar emocional y físico de la propia salud.